AF288276

Joel R. Beeke & Diana Kleyn
Wie Gott durch ein Gewitter wirkte

Joel R. Beeke & Diana Kleyn

Wie Gott durch ein
Gewitter wirkte
und andere Andachtsgeschichten

Auf **Fels** gebaut

1

betanien

Die Bibelzitate folgen in der Regel der Schlachter Version 2000, gelegentlich auch der Übersetzung von Hermann Menge sowie der revidierten Elberfelder Bibel.

4. Auflage 2023

Originaltitel: How God used a Thunderstorm. Building on the Rock Series Vol. 1
© 2003 Reformation Heritage Books, Grand Rapids, MI
Veröffentlicht bei Christian Focus Publications Ltd., Schottland

© der deutschen Ausgabe: Betanien Verlag 2013
Imkerweg 38 · 32832 Augustdorf
www.betanien.de · info@betanien.de
Übersetzung: Joachim Schmitsdorf
Satz: Betanien Verlag
Cover: Sara Pieper mit einem Bild von Jeff Anderson
Illustrationen: Jeff Anderson
Druck: drusala.cz

ISBN 978-3-935558-31-0

Inhalt

Wie man dieses Buch verwendet

Alle Geschichten in dieser Buchreihe basieren auf wahren Begebenheiten, von denen die meisten in früheren Jahrhunderten geschehen sind. Wir haben sie aus verschiedenen Quellen entnommen und in kindgerechter Sprache nacherzählt.

Die Geschichten in diesem Buch und in den anderen Bänden der Reihe »Auf Fels gebaut« legen den Schwerpunkt auf die biblische Botschaft der Errettung. Sie sind für mehrere Zwecke ideal geeignet.

Geschichten für Andachten

Diese Geschichten können für die persönliche Andacht eines Kindes oder bei der Familienandacht benutzt werden.

Jede Geschichte beinhaltet mindestens eine Bibelstelle oder verweist darauf. Am Ende jeder Geschichte wird eine Schriftstelle genannt, die auch im Rahmen der persönlichen oder der gemeinsamen Bibellese in der Familie verwendet werden kann. Viele Geschichten enthalten noch mehr Bezüge auf die Bibel oder weitere Verse, die man ebenfalls nachlesen kann.

Am Ende jeder Geschichte stehen Fragen, die zum Überdenken, Verinnerlichen und Anwenden des Gelesenen und Gelernten helfen. Diese Fragen kann ein Kind entweder allein für sich beantworten und die richtigen Antworten am Ende des Buches nachschlagen, oder – wofür sich die Fragen besonders gut eignen – sie können in der Familie oder Gruppe besprochen werden. Manche Fragen haben auch keine vorgegebene Antwort, sondern regen zum gemeinsamen Gespräch an.

Außerdem werden je zwei »Anregungen zum Gebet« vorgeschlagen. Sie sind nicht als vorformuliertes Gebet gedacht, sondern sollen als Hilfe für das persönliche Gebet dienen. Sie können dem Kind oder der Familie helfen, über Themen nachzudenken, die mit der Geschichte zu tun haben, und sollen ihnen verdeutlichen, wo Gebet nötig ist – sei es für sich persönlich, für andere, für die Gemeinde oder für die Welt.

Der jeweils erste der zwei Gebetsvorschläge richtet sich an diejenigen, die bereits bekehrt und wirklich gläubig sind (mit ∗ markiert). Der zweite Gebetsvorschlag soll bisher noch nicht bekehrte oder bezüglich ihrer Errettung unsichere Kinder anleiten, um Vergebung, Errettung und Erlösung von der sündigen Natur zu beten und Gott für seine Gnade und das Geschenk des Heils zu danken (mit ❖ markiert).

Am Ende jeder Geschichte stehen zudem Fragen, die zur Diskussion anregen. Man kann sie auf sich persönlich beziehen oder auf eine entsprechende Bibelstelle. Die Antworten werden am Ende des Buches aufgeführt. Ebenfalls am Ende des Buches findet sich ein Bibelstellenverzeichnis. Zu jeder Kapitelnummer sind dort die Bibelstellen genannt, die in dem Kapitel vorkommen. Dies schließt die Bibelstellen innerhalb der Geschichte ein sowie die Abschnitte mit den Fragen und der Schriftlesung.

Band 5 dieser Reihe enthält ein Gesamt-Verzeichnis der Bibelstellen in Reihenfolge der Bibelbücher.

Unterricht für Kinder

Diese Anwendungsmöglichkeit ist besonders nützlich für alle, die Kinder in der Gemeinde, der Sonntagsschule, Kinderstunden usw. unterrichten. Im fünften und letzten Band dieser Reihe finden Sie ein Schriftstellenverzeichnis für die ganze Reihe in Anordnung der biblischen Bücher. Dort können Sie nachschlagen, welche Bibelstellen in welchen Bänden in welchem Kapitel vorkommen, sei es in den Erzählungen, in den Fragen oder Schriftlesungen.

Außerdem finden sich zu Beginn jedes Bandes zwei Listen mit den besonders kurzen und den besonders langen Erzählungen. Das ist hilfreich für die Zeitplanung bei Andachten oder Unterricht.

Ⓚ Kürzere Erzählungen

Die folgenden Erzählungen sind relativ kurz. Man kann sie daher für kurz bemessene Familienandachten, Kinderstunden usw. benutzen.

Ⓛ Längere Erzählungen

Die folgenden Erzählungen sind relativ lang. Man kann sie also bei solchen Familienandachten und Kinderstunden usw. benutzen, für die mehr Zeit zur Verfügung steht.

Die hier nicht aufgelisteten Geschichten sind von mittlerer Länge.

Teil 1
Für Gott leben

1. Der treue Sklave

Vor dem Amerikanischen Bürgerkrieg, der im Jahr 1861 begann, gab es in den Südstaaten der USA die Sklaverei. Viele Amerikaner besaßen Sklaven, die auf ihren riesigen Farmen oder Plantagen arbeiteten. Manche Sklaven wurden gut behandelt, mussten aber sehr schwer arbeiten; viele andere Sklaven aber wurden von ihren Herren ganz schlecht behandelt.

Ein junger Sklave namens Cuff war Christ. Er tat froh seine Arbeit und war seinem Herrn treu ergeben. Eines Tages aber bekam der Herr von Cuff Probleme, wurde arm und beschloss, Cuff zu verkaufen. Ein junger Plantagenbesitzer namens John, der nicht an Gott glaubte (so jemanden nennt man Atheist), kaufte Cuff.

Cuffs alter Herr sagte noch zu dem Atheisten John: »Sie werden feststellen, dass Cuff fleißig arbeitet; Sie können ihm vertrauen. Sie werden mit ihm glücklich sein, ausgenommen in einer Sache.«

»Und zwar?«, fragte der Atheist.

»Er wird beten, und Sie werden ihn nicht davon abhalten können. Aber das ist sein einziger Fehler.«

»Das werde ich ihm bald mit der Peitsche austreiben!«, sagte John zuversichtlich.

»Ich glaube nicht, dass Ihnen das gelingen wird«, antwortete sein ehemaliger Besitzer. »Ich rate Ihnen: Lassen Sie ihn besser in Ruhe. Er würde eher sterben, als das Beten aufzugeben.«

Der junge Plantagenbesitzer John antwortete nichts. Er war fest entschlossen, dass seine Sklaven seinen Regeln gehorchen mussten. Er nickte dem anderen Mann zu, schnauzte Cuff im Befehlston an und führte ihn zu seiner neuen Unterkunft.

Cuff war seinem neuen Herrn ebenso treu, wie er es seinem früheren war. Bald aber erfuhr John, dass Cuff gebetet hatte, und sagte ihm: »Du darfst hier deine Zeit nicht mit Beten vergeuden. Ich will nie wieder hören, dass du einen solchen Unfug treibst!«

Cuff antwortete darauf: »Ach, Herr, ich muss einfach zu Jesus beten! Und wenn ich bete, dann liebe ich Sie und Ihre Frau noch mehr und kann noch schwerer für Sie arbeiten.«

Seinem Herrn war das egal. »Ich verbiete dir, jemals wieder zu beten!«, schrie er. »Wenn du es trotzdem tust, wirst du ausgepeitscht!«

Als an jenem Abend alle Arbeit getan war, sprach Cuff zu Gott, wie es einst auch Daniel in Babylon getan hatte (Daniel 6,11). Am nächsten Morgen wurde er zu seinem Herrn gerufen.

»Warum warst du mir ungehorsam?«, fragte John.

»Ach, Herr, ich muss einfach beten; ohne zu beten kann ich nicht leben«, sagte Cuff.

Als sein Herr das hörte, wurde er rasend vor Wut und befahl, Cuff an den Pfahl zu binden, an dem man die Sklaven auspeitschte. Dann schlug John mit aller Kraft zu, bis seine junge Frau aus dem Haus rannte und ihn unter Tränen anflehte aufzuhören.

»Geh zurück ins Haus«, schrie er sie an, »oder ich werde dich als nächste auspeitschen! Wage ja nicht, dich in meine Sachen einzumischen!« Dann peitschte er Cuff so lange aus, bis er es vor Erschöpfung nicht mehr konnte. Schließlich befahl er, Cuffs blutenden Rücken mit Salzwasser abzuwaschen und ihn anschließend zurück an die Arbeit zu schicken.

Was meinst du: War Cuff wohl zornig auf seinen grausamen Herrn? Obwohl er furchtbare Schmerzen hatte, ging er stöhnend, aber auch singend fort:

Die Leidenszeit ist bald vorbei;
wie aller Schmerz und mein Geschrei.

Cuff arbeitete den ganzen Tag lang, während ihm das Blut vom Rücken rann, wo die Peitschenhiebe lange, tiefe Striemen hinterlassen hatten.

Gott aber wandte dies zum Guten: Er wirkte dadurch am Herzen von Cuffs Herrn. John erkannte deshalb, dass er böse und grausam war. Der Sklavenbesitzer sah ein, dass er gesündigt hatte. Sehr betrübt ging er zu Bett, aber er konnte nicht schlafen. Er quälte sich so sehr mit den Gedanken an seine

Sünde herum, dass er um Mitternacht seine Frau weckte und ihr sagte: »Ich glaube, ich muss sterben.«

»Soll ich den Arzt rufen?«, fragte sie beunruhigt.

»Nein, nein. Ich brauche keinen Arzt.«

Seine Frau sah ihn verwirrt an: »Ich verstehe das nicht.«

Der junge Mann lief schamrot an. »Gibt es jemand auf der Plantage, der für mich beten kann? Ich fürchte, ich muss zur Hölle fahren!«

Seine Frau antwortete: »Niemand außer dem Sklaven, den du heute früh bestraft hast.«

John verstummte. Dann fragte er ängstlich: »Denkst du, er würde für mich beten?«

»Ja, ich denke schon«, antwortete sie.

»Dann lass ihn schnell holen!«

Der Knecht fand Cuff in seiner Hütte auf den Knien betend; Cuff war sich sicher, deshalb erneut bestraft zu werden. Als er aber ins Schlafzimmer seines Herrn gebracht wurde, fand er ihn in großer Not vor. Stöhnend fragte John: »Cuff, würdest du für mich beten?«

»Ja! Gelobt sei Gott! Herr, ich habe schon den ganzen Abend für euch gebetet!«, rief der treue Sklave aus. Er fiel auf die Knie und begann wie einst Jakob im Gebet zu ringen. Sein Besitzer war froh, Cuff beten zu hören, und bald stimmten er und seine Frau in das Gebet ein. Die ganze Nacht verbrachten sie damit, zu beten und Gottes Wort zu lesen. Gott änderte die Herzen des jungen John und seiner Frau. Herr und Sklave umarmten einander. Die Grausamkeit, die John dem Sklaven angetan hatte, war vergeben, Freudentränen flossen auf beiden Seiten, und die Engel im Himmel freuten sich (Lukas 15,10).

In den folgenden Tagen und Wochen verbrachten das junge Ehepaar und Cuff viel Zeit damit, die Bibel zu studieren und zu beten, denn sie hatten eine Menge zu lernen. Cuff wurde freigelassen und arbeitete nicht mehr auf der Plantage. Später nahm John Cuff mit sich, und gemeinsam zogen sie aus, um das Evangelium zu verkündigen. Sie durchreisten alle Südstaaten der USA und bezeugten, dass allein der Herr Jesus Sünden vergeben und ewiges Leben geben kann.

Darin besteht die Liebe: nicht dass wir Gott geliebt haben, sondern dass er uns geliebt und seinen Sohn zur Sühnung für unsere Sünden gesandt hat. (1. Johannes 4,10)

Frage: Bist du für andere ein gutes Vorbild? Betest du für deine Feinde?

Schriftlesung: 1. Petrus 2,18-25

Anregungen zum Gebet:

✦ Bete, dass Gott dir hilft, anderen ein gutes, gottesfürchtiges Vorbild zu sein.

❖ Bitte Gott, dir deine Sünde aufzuzeigen und die Bereiche, in denen du nicht tugendhaft lebst.

2. Ein sanftmütiger Geist

Mehrere Männer waren bei einem Freund zu Besuch. Sie saßen im Wohnzimmer; nebenan am Esszimmertisch saß Seth und machte seine Hausaufgaben. Er mochte es, die tiefen Männerstimmen zu hören, und er hatte seinem Vater versprochen, mit den Büchern in sein Zimmer im Obergeschoss zu gehen, wenn ihn die Unterhaltung der Männer zu sehr ablenken sollte.

Seth arbeitete fleißig, als einer der Männer etwas sagte, das seine Aufmerksamkeit erregte.

Der Mann sprach: »Ich sage immer: Ein sanftmütiger Geist ist ein Allheilmittel.«

Seth verstand das nicht. Er fragte sich, was diese Wörter »sanftmütig« und »Allheilmittel« wohl bedeuten, und er wiederholte den Satz laut: »Ein sanftmütiger Geist ist ein Allheilmittel.«

Seth hatte nicht damit gerechnet, dass die Männer hörten, was er sagte. Er war ein schüchterner Junge und schämte sich sehr, als alle ihn anschauten.

»Das ist wahr, junger Mann; meinst du nicht auch?«, sagte der eine Besucher.

Seth wurde rot und ging zu seinem Vater, an dessen Seite er sich sicher fühlte. »Ich verstehe nicht, was es bedeutet«, gab Seth schüchtern zu.

Der Mann lächelte Seth an und klopfte ihm auf die Schulter. »Nun, dann muss ich es dir erklären. Es ist sehr wichtig zu wissen, dass ein sanftmütiger Geist ein Allheilmittel ist. Ich denke, am besten kann ich es dir erklären, indem ich erzähle, wie diese Wahrheit mich verändert hat.

Mein Vater war ein Soldaten-Chef, also ein Offizier, und meinte, man könnte alle Probleme am besten klären, indem man kämpft. Wenn mich ein Junge ärgerte, sagte er mir, ich müsse ihn verhauen, um ihm eine Lektion zu erteilen.

Meine Eltern schickten mich auf eine berühmte Schule. Mein Sitznachbar war ein Junge namens Tom. Als ich herausfand, dass er arm war und in einem heruntergekommenen Haus wohnte, wurde ich hochmütig und erzählte ihm von meinem Vater, dem Offizier, und in welch schönem Haus wir wohnten und mit welchen Spielsachen ich spielte.«

Der Mann machte eine kurze Pause und schüttelte kurz den Kopf; dann fuhr er fort: »Tom war allerdings ein guter Schüler, und jeder mochte ihn. Er war auch ein guter Baseball-Spieler; darum kamen wir eine Zeitlang recht gut miteinander aus.

Eines Tages aber bekamen ein anderer Junge und ich in der Schule Ärger. Irgendwer erzählte mir, Tom hätte den Lehrern gesagt, was wir angestellt hatten, und deshalb würden wir jetzt bestraft. Ich war außer mir vor Wut.

Nach der Schule ging ich zu Tom nach Hause. Ich hatte vor, ihm eine Lektion zu erteilen und ihn zu verprügeln. Ich fand ihn im Garten; er spielte gerade mit seiner kleinen Schwester und dem Hund. Da schrie ich ihn gellend an: ›Ich werd' dir beibringen, was es heißt, mich bei den Lehrern zu verpfeifen, Tommy Tratschmaul!‹

Tom stand nur da und sah mich sanft wie ein Lamm an. Er hatte nicht die geringste Angst vor mir!

›Hast du mich bei den Lehrern angeschwärzt?‹ schrie ich. ›Sag's mir, oder ich hau dich!‹

Tom trat beiseite und sagte mit fester Stimme: ›Vielleicht schlägst du mich, aber du sollst wissen, dass ich nicht zurückschlagen werde. Mit Schlägen kannst du keine Probleme lösen. Wenn du dich beruhigt hast, werde ich mit dir darüber reden.‹

Ich war sehr überrascht. Außerdem macht eine Prügelei natürlich keinen Spaß, wenn der andere Junge nicht zurückschlägt. Er ließ sich nicht aus der Ruhe bringen, wurde weder wütend noch aufgeregt, sondern blieb ganz sanftmütig! Ich schämte mich. Mein Zorn verpuffte und ich kam mir ganz dumm vor. Tom hatte den Kampf tatsächlich gewonnen, ohne zu kämpfen.

Von jenem Tag an hatte ich Respekt vor Tom. Er hatte mir beigebracht: Ein sanftmütiger Geist ist ein Allheilmittel – das heißt, ruhig und sanftmütig zu bleiben, ist bei allen Problemen das beste Mittel. Das veränderte mein Denken. Nie wieder meinte ich, Schlagen könnte mir helfen. Gott benutzte Tom, um mir zu zeigen, dass es Sünde ist, gewalttätig zu sein. Gottes sanftmütiger Heiliger Geist reinigte und heilte mich.«

Frage: Wie sollst du darauf reagieren, wenn jemand dir Unrecht tut? Wie verhielt sich Jesus gegenüber denen, die ihm Schmerzen zufügten und kreuzigten? Titus 2,12-13 sagt uns, wie wir gerecht und gottesfürchtig leben sollen. Was musst du ablegen und was musst du tun?

Schriftlesung: 3. Mose 19,17-18

Anregungen zum Gebet:

✶ Bitte Gott, dir einen sanftmütigen Geist zu geben und dir zu helfen, dich gegenüber allen Menschen, mit denen du zu tun hast, dich so liebevoll zu verhalten wie der Herr Jesus selbst.

❖ Bitte Gott, dir zu zeigen, wie liebevoll und freundlich er ist, so dass du dich vor ihm demütigst und ihn aus Gnade als deinen Erretter annimmst.

3. Ein verkleideter Feind

Fred, ein tapferer junger Soldat, kündigte an: »Ich werde heute Nacht Wache halten.« Alle verstummten vor Schreck. Sie standen nämlich mit den Indianern im Krieg, und in den vergangenen vier Nächten war jedes Mal der Wachposten getötet worden. Nun hatte Fred sich angeboten, diese gefährliche Aufgabe in dieser Nacht zu übernehmen. Endlich brach einer seiner Kameraden das beklemmende Schweigen und sprach: »Du wirst der fünfte Tote sein!«

»Mach dir darüber keine Sorgen«, entgegnete Fred. »Ich habe den Befehl, auf alles zu schießen, was sich bewegt; und du kannst sicher sein, dass ich das tun werde, selbst wenn es nur ein Vogel wäre!«

Als er in dieser Nacht Wache hielt, kamen Fred immer wieder die Gesichter seiner vier toten Kameraden in den Sinn. Er war äußerst wachsam, weil er wusste, in welch großer Gefahr er sich befand. Sein Posten war auf einem kleinen Hügel, und zwischen ihm und dem etwas entfernt liegenden Wald befand sich ein Streifen von teilweise abgeholztem Land. Fred blieb die ganze lange Nacht hindurch in Alarmbereitschaft, doch kein Lebenszeichen durchbrach die Stille.

Als die Morgendämmerung langsam aufstieg, war Fred fast enttäuscht darüber, dass nichts geschehen war, was er seinen Freunden hätte erzählen können. Doch im selben Augenblick beobachtete er gelangweilt, wie ein Wildschwein die sichere Deckung des Waldes verließ. Es schien nach Nahrung zu wühlen, während es langsam näher kam. Fred beachtete das Tier kaum, bis es schon ziemlich nahe herangekommen war. Dann erinnerte er sich an den Befehl, auf alles zu schießen, was sich bewegte.

»Nun«, dachte er, »ich muss dem Befehl gehorchen, auch wenn das Tier kaum die Kugel wert ist.«

Aber nach seinem Schuss überraschte ihn der Schmerzensschrei eines verwundeten Indianers. Zwei andere Soldaten liefen herbei. Sie stellten fest, dass ein Indianer so schlau gewesen war, sich als Wildschwein zu verkleiden. Beinahe wäre er nahe genug herangekommen, um die fünfte Wache zu töten!

Fred wurde von tiefer Dankbarkeit gegenüber Gott erfüllt, als er erkannte, wie knapp er dem Tod entronnen war. Gottes wunderbare Vorsehung und Gnade hatten ihn bewahrt.

Frage: Diese Geschichte aus einem Krieg verdeutlicht, was für ein geistlicher Krieg im Herzen der Gotteskinder tobt. Wer ist unser Feind? Warum müssen wir stets wachsam sein, um gegen Sünden und Versuchungen zu kämpfen?

Schriftlesung: 1. Mose 3

Anregungen zum Gebet:

✴ Bitte den Herrn, dich vor Sünde und Versuchung zu bewahren. Ruf den Herrn um Hilfe an, wenn du in Versuchung kommst, seinem Wort ungehorsam zu sein.

❖ Bitte Gott, dir zu verdeutlichen, wie schlimm Sünde ist und was Jesus Christus dafür leiden musste. Bitte ihn, dich von deinen bösen Wegen wegzubringen, damit du ihm nachfolgst.

4. Hüte dich vor schlechtem Umgang!

Wieder einmal war Bill hinunter zum Hafen gegangen, um Sam Jones zu treffen. Bill wusste, dass seine Mutter sich wohl Sorgen um ihn machte, aber da Sam ihn dafür begeistert hatte, Seefahrer zu werden, fühlte er sich immer stärker vom Meer und dem Hafen angezogen.

Sam war ein ungezähmter Junge voll rebellischer Ideen und bösartiger Sprüche; aber er hatte Bill von den wunderbaren Dingen erzählt, die er in fernen Ländern gesehen hatte. »Komm schon, Bill!«, drängte er ihn. »Meinem Vater gehört das Schiff und ich weiß, dass er dich einstellen wird. Stell dir nur vor, wie viel Spaß wir gemeinsam haben werden!«

»Aber Mutter wird mich nicht gehen lassen«, antwortete Bill. »Außerdem sagt Kapitän Downe, ich sei zu jung.« Darauf stieß Sam einen Fluch voller schmutziger Worte aus. Trotzdem wollte Bill sich nicht eingestehen, dass Sam ein schlechter Umgang für ihn war, und er besuchte weiterhin den Hafen, obwohl sein Gewissen ihn davor warnte.

Daheim sagte Bill zu seiner Mutter: »Ich will zur See fahren! Sams Vater ist bereit, mich einzustellen.«

»Ach, Bill!«, rief seine Mutter traurig. »Du bist

alles, was ich habe. Ich kann mich jetzt noch nicht von dir trennen.«

»Irgendwann muss ich gehen«, murrte Bill. Er weigerte sich, an seine Mutter zu denken. Sie war Witwe und auch ziemlich krank. Sie brauchte alle Liebe und Unterstützung, die er ihr geben konnte. Das aber stand im Widerspruch zu seinem Verlangen, mit Sam zur See zu fahren. Er wurde deshalb gegenüber seiner Mutter immer unfreundlicher, reagierte ihr gegenüber oft grob oder tat nicht, worum sie ihn bat. Das machte seiner Mutter große Sorgen; sie aber brachte dies im Gebet vor Gott. Oft betete sie: »Herr, ich fürchte, dass Bill unter schlechtem Einfluss steht. Bitte bewahre meinen Jungen davor, auf die schiefe Bahn zu geraten!«

An einem Samstagabend war Bill noch spät auf und beobachtete seine Mutter. »Ach, Mutter!«, sagte er. »Alles was du tust, ist nähen, nähen und nichts als nähen! Du wirst dich noch überarbeiten!«

»Das macht mir nichts aus, so lange du hier bist«, antwortete sie lächelnd.

Bill klappte sein Buch zu und ging zu Bett. »Wenn ich doch nur zur See fahren könnte!«, grummelte er. »Wenigstens könnte ich dann etwas verdienen, so dass sie nicht mehr so schwer arbeiten müsste.«

Am nächsten Morgen erwachte Bill, als die Sonne warm auf ihn und die sauberen Kleider schien, die seine Mutter ihm hingelegt hatte. Wie schön und sauber sie aussahen! Und da lag auch die Arbeit seiner Mutter vom Vorabend: ein Hemd, das sie für ihn gefertigt hatte, damit er es zum Gottesdienst anziehen konnte.

»Wie gut und lieb Mutter doch ist!«, sagte er zu sich selbst. Dann wandte sich sein Blick wieder den Kleidern zu. Beim Anblick der Kleider wurde Bill auf einmal klar, was für eine große Liebe und Fürsorge seine Mutter doch für ihn aufbringt. Auf wunderbare Weise wurden Bills Herz und Gewissen berührt. Tränen stiegen ihm in die Augen – nicht aus verletztem Stolz, Zorn oder Rebellion, weil er nicht seinen eigenen Weg gehen konnte –, nein, es waren sanfte Tränen der Reue, weil er seine Mutter so traurig gemacht hatte, die ihn doch so liebt und für ihn sorgt. Er beschloss: »Ich werde ihr niemals, aber auch niemals weh tun, indem ich zur See fahre. Ich werde es nicht einmal mehr erwähnen!« Und dieses Versprechen hielt er.

Bald danach nahm er eine Arbeit als Zimmermann an. Eines Tages kam Sam Jones ihn besuchen. In seinem für ihn typischen angeberischen Tonfall sagte er Bill, dass er etwas für ihn gefunden habe. »Du musst jetzt mitkommen«, sagte er. »Hau noch heute Abend von zu Hause ab!«

»Nein!«, sagte Bill. »Es ist meine Pflicht und mein Entschluss, daheim bei meiner Mutter zu bleiben, und dabei bleibt es.« Als Sam sah, dass Bills Entscheidung feststand, ging er fort. Es war gar nicht so schwer für Bill, sich von diesem schlechten Umgang zu trennen, nachdem er sich erst einmal dazu entschlossen hatte.

Ein Jahr später starb Bills Mutter. Bill konnte Gott gar nicht genug dafür danken, dass er an jenem schönen Sonntagmorgen sein Gewissen angesprochen hatte, so dass er daheim geblieben war. Es war das beste Jahr seines Lebens gewesen, weil er freudig alles getan hatte, was er für seine geliebte Mutter hatte tun können.

Frage: Was sagt die Bibel in 2. Mose 20 über diejenigen, die ihre Eltern ehren? Was wird mit ihnen geschehen? Wovor warnt uns Kolosser 2,8?

Schriftlesung: Sprüche 1,8-19

Anregungen zum Gebet:

✳ Bitte den Herrn, dich davor zu bewahren, anderen wehzutun. Bete, dass er dir ein liebevolles und selbstloses Herz geben möge.

❖ Bitte Gott, dass er dich davon überzeugt, dass du gerettet werden musst. Bete, dass du ganz klar erkennst, dass Jesus der einzige Weg zu Gott ist.

5. Segnet, und flucht nicht!

Sally war sieben Jahre alt, und sie hatte Jesus lieb.
Sie lernte jeden Morgen einen Bibelvers auswendig und sagte ihn ihrer Mutter auf, bevor sie zur
Schule ging. Sallys Vater war jedoch sehr böse. Eines
Morgens, als er am Frühstückstisch saß, fluchte er
besonders schlimm. Genau in diesem Moment kam
Sally herein und sagte: »Mama, ich weiß meinen
Text auswendig. Darf ich ihn jetzt aufsagen?«

»Wie lautet der Text, mein Liebling?«, fragte ihre
Mutter. Sie wollte, dass das Kind nicht die schrecklichen Flüche des Vaters hörte.

Der Bibelvers war: »Segnet, und flucht nicht!«
(Römer 12,14b). Als Sally ihn aufgesagt hatte, ging sie
zu ihrem Vater, damit er ihr einen Kuss gab, bevor sie
sich auf den Schulweg machte. Der Vater ging bald
darauf zur Arbeit, konnte aber den Bibelvers nicht
vergessen, den er von Sally gehört hatte. Wohin er
auch ging, klang ihm stets in den Ohren: »Segnet,
und flucht nicht!« Er wurde ein neuer Mensch. Kein
Fluch kam ihm jemals mehr über seine Lippen, stattdessen Bibelverse und Worte der Reue. Danach sang
er Lieder über die Erlösung, weil Gottes Heilswerk
auch an ihm geschehen war, und er dankte Gott dafür, dass er eine so wunderbare Tochter hatte.

Frage: Welcher Vers in 2. Mose 20 verbietet uns, böse Worte zu benutzen?

Schriftlesung: 1. Korinther 4,11-16

Anregungen zum Gebet:

* Danke Gott dafür, dass er uns benutzen kann, um Sünder durch sein Wort zu sich zu ziehen. Bitte ihn, dich davor zu bewahren, ihn durch deine Worte zu entehren.

❖ Bekenne Gott deine Sünde, dass du nicht an ihn geglaubt hast. Bitte ihn, dir Glauben zu geben.

6. Der Kampf gegen die Sünde

Marian hatte einen kleinen Bruder namens Benny. Benny war böse und aggressiv. Wenn er wütend war, schlug und trat er zu. Dafür wurde Benny stets bestraft. Eines Tages schlug Benny wieder einmal Marian. Ihre Mutter wollte Benny bestrafen, aber Marian sagte: »Mami, bestraf ihn diesmal nicht. Ich denke, ich weiß, wie ich ihm beibringen kann, nie mehr zu schlagen.«

Marian nahm Benny mit aus dem Zimmer. Die Mutter folgte ihr, um zu sehen, was sie tun würde. Das Mädchen ging in ein anderes Zimmer und schloss die Tür. Sie befahl Benny, neben einem Stuhl niederzuknien. Dann kniete sie sich neben ihn und sprach ein einfaches Gebet: »Herr, vergib meinem kleinen Bruder, dass er mich geschlagen hat. Gib ihm ein neues Herz, damit er mich nie mehr schlägt; und wenn er mich schlägt oder schubst, dann hilf mir, nicht zurückzuschlagen. Hilf mir, dass ich Geduld mit ihm habe. Herr, erhöre mich um Jesu Willen. Amen.«

Frage: Wie reagierst du, wenn jemand dich schlägt? Was sollst du tun, wenn jemand frech zu dir ist?

Schriftlesung: Lukas 6,27-38

Anregungen zum Gebet:

✳ Bitte Gott, dir zu helfen, dass du auch die lieben kannst, die dir Böses antun, und dass du dich um ihr Seelenheil sorgst.

❖ Bekenne Gott, dass du ihm Böses angetan hast und bitte ihn, dass du die Sünden einsiehst, die dich von ihm trennen. Bitte Gott, dir die Gabe des Glaubens zu schenken.

7. Vergebung

Der elfjährige Danny Reynolds steckte in großen Schwierigkeiten. Er ging auf ein Internat – eine Schule, in der die Kinder auch wohnen – und er fuhr nur während der Sommerferien nach Hause. Das gab es früher oft, weil man damals nicht so einfach reisen konnte wie wir heute.

Danny mochte seine Lehrer und die meisten seiner Mitschüler waren freundlich und nett. Aber es gab einen besonderen Jungen, der alle anderen ständig provozierte und ärgerte. Er hieß John Ferguson. John war in derselben Schulklasse wie Danny und saß nicht nur neben ihm, sondern teilte sich auch das Zimmer mit ihm.

Wenn Danny seiner Mutter schrieb, berichtete er ihr, wie sehr John ihn ärgerte und ihm während des Unterrichts Gemeinheiten zuflüsterte. Oft machte sich John vor allen anderen Jungen über Danny lustig, und wenn die Lehrer es nicht sahen, trat er Danny, stellte ihm ein Bein oder schlug ihm seine Bücher aus der Hand. Danny glaubte, dass John niemanden so sehr ärgerte wie ihn. Er weinte, wenn er Briefe an seine Mutter schrieb. Er sagte ihr, dass er dafür gebetet habe, aber der Herr schien ihn nicht zu erhören, denn nichts änderte sich.

Immer wieder ermutigte Dannys Mutter ihn in ihren Briefen und riet ihm, die goldene Regel zu befolgen: Es soll nicht Böses mit Bösem vergelten, sondern Gutes erwidern, um John durch Freundlichkeit und Liebe von Herzen zu gewinnen. Die Mutter erinnerte Danny an das, was Jesus seinen Jüngern sagte, als Petrus ihn fragte: »Herr, wie oft soll ich meinem Bruder vergeben, der gegen mich sündigt? Bis siebenmal?« (Mt 18,21). Jesu Antwort erstaunte Petrus: »Siebzigmal siebenmal.« Der Herr Jesus erzählte daraufhin das Gleichnis vom unbarmherzigen Knecht. Du kannst es selbst in Matthäus 18,21-35 nachlesen.

Aber zu vergeben fällt nicht leicht, und der arme Danny fand es oft sehr schwer, freundlich, liebevoll und vergebungsbereit zu sein.

Doch der Herr erhörte die Gebete von Danny und seiner Mutter. Der Herr hört immer unser Gebet, aber er erhört sie zu seiner Zeit – und dann so, wie er es will. Eines Tages wurde John Ferguson krank. Als er im Bett lag, begann er darüber nachzudenken, wie gemein und selbstsüchtig er sich gegenüber seinen Mitschülern und besonders gegenüber Danny Reynolds verhalten hatte. Sein Gewissen quälte ihn, aber auch etwas anderes machte ihm Sorgen.

John hatte mehrere Kanarienvögel. Er liebte diese Vögel sehr und kümmerte sich immer gut um sie. Und gerade seit dieser Woche blieben sie auf ihren Nestern hocken, was bedeutete, dass bald Küken schlüpfen würden. Es bedeutete auch, dass die Kanarienvögel besondere Pflege und Aufmerksamkeit brauchten. John wagte nicht, jemanden um Hilfe zu bitten. Gerade erst in der Nacht davor hatte John Dannys Kaninchen gequält, indem er es stundenlang in eine enge Kiste eingesperrt hatte. Als Danny das Kaninchen endlich gefunden hatte, war es völlig verängstigt und erschöpft gewesen.

John glaubte zwar, dass Danny wahrscheinlich der einzige Junge war, der vielleicht bereit wäre, einem so gemeinen Jungen wie ihm zu helfen. Doch John traute sich nicht, Danny zu bitten, sich um seine Kanarienvögel zu kümmern. Außerdem war er zu stolz, um Danny um Vergebung zu bitten. Daher war er traurig und machte sich Sorgen wegen der Vögel.

Tag um Tag verging, und John war immer noch krank; doch nach wie vor bat er Danny nicht, sich um seine Vögel zu kümmern. Danny hingegen wusste, wie sehr John seine Kanarienvögel liebte. Er hatte gesehen, wie er mit ihnen gesprochen und sie fürsorglich gefüttert hatte. Er wusste auch, dass sie jetzt besondere Pflege brauchten. Aber Danny musste immer noch daran denken, was John seinem armen Kaninchen angetan hatte, und er war versucht, Johns Kanarienvögel sich selbst zu überlassen, um es ihm heimzuzahlen.

Doch Dannys Gewissen ließ ihm keine Ruhe. Wenn er vor dem Käfig der Kanarienvögel stand, nachdem er sein Kaninchen gefüttert hatte, kamen ihm die Worte Jesu in den Sinn: »Vergib siebzigmal siebenmal.«

»Herr Jesus«, betete Danny, »das fällt mir unheimlich schwer. Manchmal hasse ich John. Er ist immer so gemein zu mir; er hat noch nie etwas Nettes für mich getan!« Dem kleinen Jungen kamen die Tränen. »Ich weiß, ich muss John vergeben und sollte mich um seine Vögel kümmern; bitte hilf mir doch dabei. Mach mich durch deinen Heiligen Geist dazu fähig und hilf mir mit deiner Gnade, Herr Jesus! Hilf mir, John zu vergeben, und hilf mir, dass ich das von Herzen tun kann. Amen.«

Darauf fing Danny an zu lächeln. Mit der Hilfe des Herrn Jesus würde er es schaffen. So begann Danny, sich um Johns Kanarienvögel zu kümmern, als wären sie seine eigenen. John wusste während dessen überhaupt nichts davon.

Zwei Wochen vergingen, bis es John besser ging. Als er wieder fähig war, nach seinen Kanarienvögeln zu sehen, staunte er sehr, dass die Käfige sauber und die fünf frisch geschlüpften Vögel darin gut versorgt waren! Zweifellos hatte Danny das für ihn getan. Das nagte an seinem Gewissen. Hätte er dasselbe wohl für irgendjemand anderen getan? John begann einzusehen, wie egoistisch und gemein er war.

Danach war John nicht mehr ganz so bösartig wie vorher, aber sein Herz hatte sich nicht geändert.

Er war immer noch ein Egoist und provozierte und ärgerte weiterhin andere, wenn auch nicht mehr so schlimm wie zuvor. Danny war davon sehr enttäuscht und schrieb es seiner Mutter. Mrs. Reynolds ermutigte Danny, weiter für John zu beten und den Herrn anhaltend zu bitten, ihm zu helfen, dass er ihm »siebzigmal siebenmal« vergeben könne. Sie schrieb Danny auch, dass sie für ihn und John jeden Tag betete, und sie erinnerte ihn daran, dass es nur noch kurze Zeit bis zu den Sommerferien war und er dann für mehrere Wochen zu Hause sein werde.

Das machte Danny froh. In ein paar Wochen würde er nach Hause fahren. Er konnte es kaum abwarten! Dann aber traf eine beunruhigende Nachricht ein. John hatte einen Brief von seiner Familie bekommen, und darin stand, dass er im Sommer nicht nach Hause kommen durfte. Seine ganze Familie war schwer an einem Fieber erkrankt, und sie wollten nicht, dass John sich ansteckte. Der Arzt sagte, es sei das Beste für John, im Internat zu bleiben. John war natürlich tief enttäuscht. Er hatte sich darauf gefreut, im Sommer nach Hause zu kommen, und jetzt würde er seine Familie nicht sehen können.

John war nicht der Einzige, den diese Nachricht betroffen machte. Auch Danny war traurig – aber nicht wegen John, sondern um seiner selbst willen. Er wusste, was Gottes Wille war: John zu helfen und ihn zu sich nach Hause einzuladen. Es war ein harter

Kampf, und Danny betete ernstlich zum Herrn, ihm bei dieser schweren Sache zu helfen.

»Herr Jesus, hilf mir! Ich will das nicht tun! Ich brauche wieder deine Hilfe. Ich weiß, was ich tun soll, aber das ist das Schwerste, was ich jemals tun musste. Herr, gib mir Liebe, Vergebungsbereitschaft und Mitgefühl. Amen.«

Dann trocknete Danny seine Tränen ab, setzte sich an seinen Schreibtisch und schrieb seiner Mutter einen Brief, in dem er sie um Erlaubnis bat, ob er John während der Sommerferien mitbringen könne. Als seine Mutter ihr Einverständnis gab, ging Danny zu John, um es ihm zu sagen. Du kannst dir vorstellen, wie überrascht John war! Solche Freundlichkeit hatte er nicht erwartet. Er hatte schon gefürchtet, den ganzen Sommer lang allein im Internat verbringen zu müssen. Schließlich aber wurde Johns hartes Herz erweicht, und er vergoss Tränen der Buße. Er bat Danny für alles Böse um Vergebung, was er ihm mit Worten und Werken angetan hatte. Er bat auch Gott um Vergebung, bekannte seine Sünden und bat den Herrn, ihm gnädig und barmherzig zu sein.

Danny hatte sich vor diesem Sommer gefürchtet, aber es wurden Ferien, an die sich beide Jungen ihr Leben lang erinnern würden. John fand Vergebung durch das Blut des Herrn Jesus Christus, und Danny stellte fest, dass es das Beste ist, dem Herrn nachzufolgen, selbst wenn es schwer fällt.

Kinder, wir können sehr viel aus dieser Geschichte lernen! Vielleicht werden manche von euch in der Schule geärgert. Oder vielleicht hat der Herr euch vor andere Probleme gestellt. Bittet Gott, dass er euch fähig macht, zu vergeben, zu ihm umzukehren und an den Herrn Jesus Christus zu glauben. Denkt immer daran, dass der Herr euch helfen und segnen wird, wenn ihr auf dem Weg seiner Nachfolge geht! Vergesst nicht, den Herrn jeden Tag um Hilfe zu bitten. Bittet ihn auch, dass er euer Herz, euer Denken und euren Willen verändert, damit ihr von Herzen das tun möchtet, was sein Wille ist. Wir brauchen für alles seine Hilfe.

Vielleicht ärgern manche von euch selber andere Kinder. Das ist eine schlimme Sünde. Ihr solltet niemals meinen, dass der Herr das nicht sieht. Ihr tut damit nicht nur einem anderen Kind weh, sondern stört auch eure eigene Beziehung zu Gott. In den Psalmen steht: »Hätte ich Unrecht vorgehabt in meinem Herzen, so hätte der Herr mich nicht erhört« (Psalm 66,18).

John fand nicht nur Vergebung bei Gott, sondern auch bei Danny und dessen Mutter. Ich bin aber sicher, dass ihn die Erinnerung an seine schlimmen Sünden den Rest seines Lebens traurig gemacht hat. Liebe Kinder, geht, ja flieht mit all euren Sünden zum Erlöser, und er wird euch davon reinigen und befreien. Er hat versprochen, alle zu retten und allen zu vergeben, die zu ihm kommen und ihm ihre Sünden bekennen. Das gilt für euch alle. Ich denke, dass diejenigen von euch, die von anderen geärgert werden, darauf oft mit Zorn und bösen Worten reagieren statt wie Danny mit Gebet und Freundlichkeit. »Wenn wir aber unsere Sünden bekennen, so ist er treu und gerecht, dass er uns die Sünden vergibt und uns reinigt von aller Ungerechtigkeit« (1. Johannes 1,9). Kommt zum Herrn Jesus Christus, Kinder, und ihr werdet feststellen, dass er ein treuer, liebevoller, vergebungsbereiter Erlöser ist.

Frage: Wem hat Gott Vergebung der Sünden versprochen? Wer vergab John in dieser Geschichte?

Schriftlesung: Matthäus 18,21-35

Anregungen zum Gebet:

* ✳ Bitte Gott, dir zu helfen, dass du denen vergeben kannst, die böse und gemein zu dir sind. Bitte Gott, dass du ihm immer vertraust, auch unter schlimmen Umständen.

* ❖ Bitte Gott, dir für die Zeit zu vergeben, als du dir weder um Sünde Gedanken gemacht noch ihn um Vergebung gebeten hast.

8. Hilfe bei Schulproblemen

Steven war ein guter Schüler. Er gab immer sein Bestes, aber manche Dinge fielen ihm schwer. Zum Beispiel war die Grammatik im Deutschunterricht ziemlich schwierig. Er hatte der Lehrerin zugehört, als sie es erklärt hatte, und er hatte sie danach sogar gebeten, es ihm noch einmal zu erklären, aber Steven hatte es immer noch nicht verstanden.

Die Lehrerin lächelte: »Nimm dein Schulbuch heute mit nach Hause, Steven. Lies die Lektion heute Abend noch einmal durch, und du wirst feststellen, dass sie gar nicht so schwer zu verstehen ist.«

Steven war sehr frustriert. Jetzt hatte er einen Haufen zusätzlicher Hausaufgaben aufgebrummt bekommen! Vielleicht aber könnten ihm sein Vater und seine Mutter helfen, die Grammatikregeln zu verstehen.

Beim Abendessen erzählte Steven seiner Mutter von der schwierigen Lektion. »Ich habe es immer wieder versucht, Mama, aber ich kapiere es einfach nicht!«

»Lass mich dir helfen, Steven«, bot seine Mutter ihm an.

Sie tat ihr Bestes, erklärte ihm die Bestandteile eines Satzes und alles über Nomen, Verben und Adjektive; aber Steven wurde nur noch verwirrter.

Schließlich schob er sein Buch beiseite und sagte: »Ich bin in ein paar Minuten zurück, Mama.«

Steven war bald wieder da. Er hatte nicht mehr so ein trauriges Gesicht, sondern lächelte stattdessen glücklich. »Es ist alles in Ordnung, Mama. Jetzt bin ich bereit! Ich habe Gott gebeten, dass er mir hilft, es zu verstehen. Er hilft uns immer, wenn wir ihn darum bitten; also bin ich sicher, dass ich es jetzt verstehen werde, wenn du es mir noch einmal erklärst.«

Mutter und Sohn beugten sich erneut über das Buch. Noch einmal erklärte die Mutter Steven die Aufgabe. Steven erwartete, dass der Herr ihm hilft, und er wurde nicht enttäuscht. Mit der Hilfe des Herrn war Steven fähig, die Lektion zu verstehen und seine Hausaufgaben gut zu erledigen.

Kinder, auch ihr müsst den Herrn in allem um Hilfe bitten! Er hilft euch stets gerne. Ohne seine Hilfe könnt ihr nichts tun. David sprach oft von der Kraft des Herrn und wusste, dass Gott bereitwillig hilft. Hier nur ein Beispiel aus den Psalmen: »Befiehl dem HERRN deinen Weg und vertraue auf ihn, so wird er es vollbringen« (Psalm 37,5). Das Vertrauen auf Gott sollte dein ganzes Leben prägen.

Frage: Hast du gelernt, allein auf den Herrn zu vertrauen? Gott ist *mächtig* genug, um dir zu helfen. Ist er auch *bereit*, dir zu helfen?

Schriftlesung: Philipper 4,4-9

Anregungen zum Gebet:

* ✴ Danke Gott dafür, dass er dir jeden Tag hilft. Bitte ihn, dass er dir hilft, ihm allezeit für alles zu vertrauen, was immer du brauchst.

* ❖ Bitte Gott, dir zu zeigen, wie sehr du seine Hilfe und Rettung brauchst – jeden Tag und zu jeder Stunde!

9. Beten lernen

Ein alter Mann, ein Sonntagsschullehrer, hatte oft gesagt, dass er niemals zu Bett gehe, ohne das Gebet zu sprechen, das seine Mutter ihm als kleiner Junge beigebracht hatte. Er war mit sich zufrieden, weil er dachte, dieses Gebet würde Gott gefallen.

An einem Sonntag ging er zur Kinderstunde seiner Gemeinde, um die Kinder zu unterrichten. Er fragte, was Beten bedeute. Ein kleiner Junge antwortete: »Es bedeutet, sich als Bettler an Gott zu wenden.«

Der alte Mann erschrak. Er hatte vorher nie gedacht, dass Beten genau das bedeutet! Er dachte weiter über die Antwort des kleinen Jungen nach, und der Heilige Geist überführte den alten Mann davon, dass er bisher nie wirklich gebetet hatte. Als er nach Hause kam, fiel er auf die Knie, aber diesmal sagte er nicht das Gebet auf, das seine Mutter ihm beigebracht hatte. Unter Tränen bekannte er, dass er ein eingebildeter Heuchler war, und bat Gott, ihm um Christi Willen zu vergeben.

Was meinst du: Hat ihm der Herr vergeben? Ja! Danach erzählte der alte Mann den Leuten: »Ich bin der alte Mann, der siebzig Jahre lang sein Gebet aufgesagt und doch niemals richtig gebetet hat, bis der Herr mich lehrte, wie man betet!«

Frage: Worum bat der alte Mann Gott?

Schriftlesung: Matthäus 6,5-15

Anregungen zum Gebet:

✶ Bitte Gott, dich zu lehren, auf rechte Weise zu ihm zu beten.

❖ Bitte Gott, dir zu zeigen, wie sehr du ihn brauchst, und dass er dich zum ewigen Leben retten möge.

10. Soldaten, die beten können

Wilhelmina, die Königin der Niederlande, besuchte einmal eine Kaserne, wo die Soldaten stationiert sind. Sie glaubte, dass die stärkste Armee aus Soldaten besteht, die beten können. Darum fragte sie die Soldaten: »Wer von Ihnen betet?« Sie fragte nicht: »Wer von Ihnen kann gut kämpfen?«, oder: »Wer ist tapfer?« Sie fragte: »Wer von Ihnen betet?«

Alle schauten erstaunt die Königin an, denn niemand hatte eine solche Frage erwartet. Sie konnten kämpfen, Geldspiele machen und fluchen, aber beten? Die meisten von ihnen hätten sich geschämt zu beten. Aber die Königin fragte, wer von ihnen betet.

Schließlich fand man acht junge Männer, die bekannten, dass sie beteten. Daraufhin sprach die Königin: »Solche Soldaten sind mehr wert als alle anderen zusammen! Solche Soldaten können unser Land verteidigen.« Sie forderte dann die Soldaten auf, aus Psalm 79 zu singen:

Hilf uns, Gott unseres Heils,
um der Ehre deines Namens willen;
um deines Namens willen
komm und rette uns;
nimm Sünde und Schande von uns.

Frage: Warum glaubte die Königin, dass Soldaten, die beten können, stärker sind als solche, die nicht beten?

Schriftlesung: 2. Mose 18,18-20

Anregungen zum Gebet:

✳ Danke Gott dafür, dass er die Gebete von armen Sündern wie dich hört.

❖ Bitte Gott, dir zu zeigen, dass rettender Glaube an den Herrn Jesus Christus die einzige Möglichkeit ist, auf den Tod vorbereitet zu sein.

11. Schlichtes Vertrauen

Nancy war eine alte Frau, die vor langer Zeit in Schottland lebte. Sie war fast ihr ganzes Leben lang eine gottesfürchtige Frau gewesen. Ihr Heim war eine kleine, mit Stroh gedeckte Hütte in einem der stillen Täler Schottlands. Jetzt war sie krank und wartete geduldig darauf, dass der Tod ihre Leiden beendete und sie zu Jesus, ihrem geliebten Erlöser käme. Neben ihrem Bett lagen auf einem kleinen Tisch ihre Brille und ihre alte Bibel, die vom vielen Lesen schon ganz zerfleddert war. Diese nannte sie »ihr Mehltopf und ihr Ölkrug« (in Anspielung auf die Witwe von 1. Könige 17,14), denn, so sagte sie, die Bibel hatte sie nie im Stich gelassen und so habe sie sich stets vom »Brot des Lebens« ernähren können.

Ein junger Mann aus dem Dorf kam sie oft besuchen. Er sagte von sich, er sei Christ, war aber nicht von Herzen gläubig und hatte kein Verständnis dafür, dass Nancy Gottes Wort liebte. Gott war ihm egal. Trotzdem hörte er ihr gerne zu, wenn sie von ihrem geliebten Erlöser redete. Wenn sie über ihre Heimat im Himmel sprach, dann schien der Himmel sehr nahe zu sein. Nancys Glaube wirkte auf den jungen Mann anziehend. Eines Tages stellte er dieser glücklichen Christin folgende erstaunliche Frage:

»Was wäre, wenn Gott nach all deinem Warten und Beten, Hoffen und Harren zulassen würde, dass deine Seele für immer verloren geht?«

Die gläubige alte Christin stützte sich auf ihre Ellenbogen, um sich aufzurichten. Dann legte sie ihre rechte Hand auf ihre wertvolle Bibel, die aufgeschlagen vor ihr lag, und wandte sich mit einem ernsten Blick dem jungen Mann zu. Dann sagte sie leise mit ihrem starken schottischen Akzent: »Und das ist alles, was du über die Bibel weißt, mein Junge?« Dann blitzten ihre Augen voll himmlischer Herrlichkeit auf, und sie fuhr fort: »Gott würde dabei einen größeren Verlust erleiden. Die arme Nancy würde nur ihre Seele verlieren. Das wäre in der Tat ein großer Verlust; Gott aber würde seine Ehre und seinen guten Ruf verlieren. Habe ich nicht mein Seelenheil an seinen ›kostbaren und bedeutendsten Verheißungen‹ festgemacht? Wenn er aber sein Wort brechen sollte, würde er sich als untreu erweisen, und das ganze Weltall würde sofort untergehen!«

Wie einfach! Und wie biblisch! Wie berührend war die Zuversicht dieses lieben alten Gotteskindes, dass Gottes Verheißungen ganz fest stehen! Die Bibel verspricht, dass Gottes »kostbare und bedeutendsten Verheißungen« sicher sind (2. Petrus 1,4). Kinder, ihr dürft diese Verheißungen beim Wort nehmen und Gott bitten, sie auch an euch zu erfüllen! Ihr dürft zu Gott sagen: »Du hast versprochen, Sünder zu erhören, wenn sie zu dir beten, Herr. Erhöre mich nach deiner Gnade und mach mich zu deinem Kind!« Gott ist gerne bereit zu retten. Bitte ihn, dir den Glauben zu schenken, so dass du ihn lieben und ihm vertrauen kannst, wie es auch Nancy tat.

Gnade und Friede möge euch in der Erkenntnis Gottes und unseres Herrn Jesus immer reichlicher zuteil werden! Seine göttliche Kraft hat uns ja alles, was zum Leben und zur Gottseligkeit erforderlich ist, durch die Erkenntnis dessen geschenkt, der uns durch seine eigene Herrlichkeit und Tugend berufen hat. Durch sie hat er uns die kostbaren und bedeutendsten Verheißungen geschenkt, damit ihr durch sie dem Verderben entrinnt, das infolge der Sinnenlust in der Welt herrscht, und damit Anteil an der göttlichen Natur erhaltet. (2. Petrus 1,2-4)

Frage: Was hat Gott Sündern verheißen? Was für Verheißungen Gottes erwähnt der 2. Petrusbrief?

Schriftlesung: Hebräer 11

Anregungen zum Gebet:

* ✶ Danke Gott für seine Verheißungen! Bitte ihn, dir zu helfen, anderen von seiner großen Treue weiterzusagen.

* ❖ Bitte Gott, dir durch sein Wort zu zeigen, wie treu und vertrauenswürdig er ist.

12. Die Bibel im Gepäck

Eine Gruppe junger Leute besuchte eines Abends ihren Pastor und dessen Frau. Sie unterhielten sich darüber, ob man auch dann beten solle, wenn Fremde dabei sind.

»Was denkt ihr darüber?«, fragte eine junge Frau. »Nehmen wir einmal an, zwei Männer sind auf Geschäftsreise. Sie teilen sich ein Hotelzimmer und einer von ihnen kniet an seinem Bett zum Beten nieder, bevor er sich schlafen legt. Meint ihr nicht, dass das scheint, als ob er besonders heilig auszusehen versucht?«

»Ganz und gar nicht«, antwortete ein junger Mann, »so lange er es damit ernst meint. Du hast die Pflicht zu beten, wo und unter welchen Umständen auch immer du bist.«

»Mein Mann kann eine Geschichte erzählen, die sehr gut hierzu passt«, warf die Frau des Pastors ein. »Sie zeigt deutlich, dass wir das Gebet niemals vernachlässigen dürfen.«

»Ja«, antwortete der Prediger, »und es ist auch eine sehr bemerkenswerte Geschichte.

Vor fast vierzig Jahren ging ich nach Boston, um als Verkäufer in einem Warenhaus zu arbeiten. Ich war damals erst achtzehn Jahre alt. Ich wohnte in

einer Pension in einem Mehrbettzimmer, das ich mit ein paar anderen Jungen in meinem Alter teilte. An einem Sonntagmorgen standen wir um acht Uhr auf, und da der Gottesdienst um elf Uhr begann, hatten wir noch drei Stunden Zeit. Meine Mutter hatte mir eine brandneue Bibel in den Koffer gepackt, und ich wollte sie lesen. Von Kindesbeinen an hatte man mir beigebracht, jeden Sonntagmorgen die Bibel zu lesen. Meine Zimmergenossen lasen Zeitschriften, und ich wagte nicht, allzu fromm auszusehen.

Ich nahm mir eine Zeitschrift und versuchte sie zu lesen, aber mein Gewissen quälte mich so sehr, dass ich sie wieder weglegte und zu meinem Koffer ging. Gerade als ich den Kofferdeckel hochhob, kam mir der Gedanke, ich würde wie ein Pharisäer, ein Heuchler aussehen; darum änderte ich meine Meinung und ging ans Fenster. Dort stand ich etwa zwanzig Minuten lang herum und fühlte mich elend. Ich wusste, dass ich falsch handelte.

Ich ging wieder zu meinem Koffer zurück. Ich hatte meine Bibel schon in der Hand, fürchtete aber, dass die anderen Jungen mich auslachen würden; darum schloss ich den Koffer wieder.

Als ich wieder zum Fenster ging, lachte einer meiner Zimmergenossen und fragte: ›Was ist denn mit dir los? Du bist ja völlig rastlos!‹

Ich lachte ebenfalls und sagte ihnen dann die Wahrheit: ›Zu Hause lese ich am Sonntagmorgen immer die Bibel, aber ich hatte Angst, dass ihr mich auslacht.‹

Zu meiner Überraschung gaben sie beide zu, dass auch sie eine Bibel im Koffer hatten und sie ebenfalls hatten lesen wollen; aber genau wie ich hatten sie Angst gehabt, ausgelacht zu werden.

Darum sagte ich: ›Lasst uns jeden Sonntagmorgen gemeinsam die Bibel lesen!‹

Die Jungen stimmten zu, und im Nu lagen alle drei Bibeln auf dem Tisch. Ich sage euch, wir alle fühlten uns danach sehr erleichtert!

Am nächsten Sonntag kamen zwei Jungen aus einem anderen Zimmer herein, als wir zusammen die Bibel lasen. Als sie das sahen, starrten sie uns an und riefen dann: ›Was ist denn das? Ein Gottesdienst?‹

Ich erzählte ihnen, was in der Woche davor geschehen war und dass wir vereinbart hatten, jeden Sonntagmorgen vor dem Gottesdienst einige Kapitel zu lesen.

›Eine gute Idee!‹, sagte einer der zwei Besucher. ›Ihr habt mehr Mut als ich. Auch meine Mutter hat mir eine Bibel mitgegeben, aber ich habe sie noch nicht einmal aufgeschlagen, seitdem ich hier nach Boston gekommen bin. Ich denke aber, dass auch ich sie lesen sollte.‹

Die anderen Jungs baten einen von uns, laut vorzulesen, und die anderen saßen still dabei und hörten zu, bis es Zeit war, zum Gottesdienst zu gehen.

Am Abend jenes Tages einigten wir Zimmergenossen uns, jeden Abend um neun Uhr gemeinsam ein Kapitel zu lesen. Ein paar Tage nach unserem Entschluss waren vier oder fünf weitere Jungs in unserem Zimmer und unterhielten sich mit uns, bis die Uhr neun schlug. Einer meiner Mitbewohner schaute mich an und griff nach seiner Bibel, da es jetzt Zeit für die Bibelstunde war. Die anderen Jungen hörten auf zu reden und schauten fragend den Jungen an, der die offene Bibel vor sich liegen hatte. Ich erklärte ihnen unsere Gewohnheit, um diese Zeit die Bibel zu lesen, worauf sie sagten, sie wollten bleiben und zuhören.

Die Folge war, dass ausnahmslos jeder der sechzehn Jungen in der Pension den Sonntagmorgen mit Bibellesen verbrachte. Das wirkte sich sehr positiv auf unseren Lebenswandel aus. Ich bin nicht sicher, ob alle Jungen sich bekehrten, aber außer mir sind heute noch drei weitere von ihnen Verkündiger des Evangeliums. Versteht ihr, wie viel Einfluss ein einzelner Mensch durch Gottes Gnade auf andere ausüben kann? Ihr dürft euch nie davor fürchten, eure Pflicht zu tun.«

Frage: Wenn du unterwegs mit anderen Leuten bist, würdest du dann von dir selbst aus deine Bibel auspacken und sie vor ihnen lesen? Ist Bibellesen für dich etwas, was du von dir selbst aus tun willst oder tust du es einfach nur, weil es deine Eltern wollen? Was ist, wenn deine Eltern nicht da sind? Warum ist es gerade dann wichtig, die Bibel zu lesen, wenn du allein oder von zu Hause fort bist? Lies Psalm 119,97-105.

Schriftlesung: Apostelgeschichte 16,20-35

Anregungen zum Gebet:

* ✳ Danke Gott dafür, dass er dir die Bibel gegeben hat. Bitte ihn, dir zu helfen, sich an sein Wort zu erinnern und es zu halten, und dich nie dafür zu schämen, dass du Gottes Wort befolgst.

* ❖ Bitte Gott, dir Liebe zu seinem Wort zu schenken. Bitte ihn, es zu benutzen, um dich deiner Sünde zu überführen und dich davon zu überzeugen, dass du Christus brauchst.

13. Der Segen kindlichen Glaubens

Vor einiger Zeit lebte in New York ein Mann namens Smith, der sagte, dass er nicht an Gott glaube. Er ging natürlich nie zur Kirche und las nie die Bibel. Er glaubte weder, dass Jesus Gott ist, noch, dass Jesus deswegen gestorben und auferstanden ist, um Sünder zu retten. Als er noch ein kleiner Junge war, hatte seine Mutter jedoch mit ihm die Bibel gelesen. Sie hatte ihn sehr viele Bibelverse auswendig lernen lassen und oft mit ihm und für ihn gebetet.

Mr. Smith war verheiratet. Seine Frau war ebenfalls keine Christin. Sie hatten ein Kind, einen aufgeweckten, klugen Jungen namens Tommy. Sein Kindermädchen Ellen war etwas fromm, aber nicht so fromm, dass Tommys Eltern sich deswegen Sorgen gemacht hätten.

Eines Abends wartete Tommy im Bett darauf, dass seine Eltern ihm gute Nacht sagten. Er war an diesem Tag ungezogen gewesen und sein Kindermädchen und seine Eltern hatten ihn ausgeschimpft und bestraft.

Plötzlich fing das Kind laut zu weinen an. Als seine Eltern das hörten, waren sie erstaunt. Sein Vater ging schnell zu ihm und fragte, was los sei.

»Ich will das nicht, Papa; ich will nicht, dass meine Sünden in ein Buch geschrieben werden!«

»Was meinst du damit?«, fragte Tommys Vater, der das nicht begreifen wollte.

»Ellen sagt, Gott schreibt alle meine Sünden in ein großes Buch, und ich will nicht, dass sie da drin stehen! Ich wünschte, sie könnten gelöscht werden!« Dann fing Tommy wieder an zu weinen und sein Vater hätte am liebsten mitgeweint.

Plötzlich erinnerte sich Mr. Smith daran, was in der Bibel stand und was seine Mutter ihm einst so unermüdlich beigebracht hatte. Nach einem schweren inneren Kampf versuchte er dann, sein weinendes Kind mit diesen Wahrheiten zu trösten.

»Weine nicht, mein Junge«, sagte Mr. Smith. »Es ist möglich, dass alle deine Sünden ausgelöscht werden.«

»Was?«, rief Tommy gespannt aus. »Erzähl mir wie, Papa!«

»Du musst auf die Knie gehen und Gott bitten, dass er sie um Christi willen auslöscht. Gott kann das tun und ist auch bereit dazu.«

Das musste Mr. Smith nicht zweimal sagen. Auf der Stelle sprang Tommy aus dem Bett und kniete daneben nieder. Er faltete seine Händchen und begann zu beten. Dann schaute er zu seinem Vater auf und fragte: »Papa, kannst du mir bitte zeigen, wie man betet?«

Das war eine schwierige Bitte. Mr. Smith hatte in seinem ganzen Leben noch nie richtig gebetet. Wie aber hätte er sich weigern können, als er sah, in welch großer Not sein Kind war? Darum überwand der Vater seinen Stolz, ging neben seinem geliebten Sohn auf die Knie und bat Gott, Tommys Sünden und auch seine eigenen Sünden zu vergeben. Dann standen beide auf, und Tommy ging wieder ins Bett.

»Papa, bist du sicher, dass die Sünden jetzt alle gelöscht sind?«

Was für eine Frage war das nun für Mr. Smith! Aber er meinte, er müsse so antworten, wie seine Mutter es ihm damals gesagt hatte. »Tommy, die Bibel sagt: Wenn du von Herzen bittest, dass Gott um Jesu willen dich von deinen Sünden reinwäscht, und wenn du wirklich bereust, was du getan hast, dann wird Gott sie zu seiner Zeit wirklich austilgen.«

Ein zartes Lächeln huschte über das Gesicht des Kindes, als es seinen Kopf auf das Kissen legte. Plötzlich aber setzte Tommy sich wieder auf. »Papa, womit hat Gott meine Sünden weggewaschen? Mit einem Schwamm?«

Das war eine weitere schwierige Frage für Mr. Smith. Seinen Freunden sagte er nämlich gerne, dass die Bibel nur ein Märchenbuch sei. Er sagte, die Menschen müssten gar nicht gerettet werden; sie bräuchten das Blut Jesu nicht. Jetzt aber wurde ihm klar, dass das Blut Jesu unverzichtbar war.

»Nein, mein Kind, nicht mit einem Schwamm, sondern mit dem Blut Jesu Christi, der für Sünder gestorben ist. Die Bibel sagt: ›Das Blut Jesu Christi reinigt uns von aller Sünde‹« (1. Johannes 1,7). Dann fuhr der Vater fort, genau zu erklären, wie Gott Sünden vergeben kann, weil Jesus stellvertretend die gerechte Strafe Gottes für Sünder erlitten hat.

Schließlich war Tommy zufrieden und schlief selig ein. Von diesem Tag an verwarf Mr. Smith seine falschen Ansichten und begann den Herrn zu suchen.

Das Wirken des Heiligen Geistes ist erstaunlich und wunderbar. Er benutzte den schlichten Glauben, den er Tommy gab, um Tommys Vater zu retten. So wurde der Vater zur rechten Zeit zu eben jenem Kreuz geführt, das er so lange abgelehnt hatte und das er nun seinem Sohn erklären musste.

Wenn ihr nicht umkehrt und werdet wie die Kinder, so werdet ihr nicht in das Reich der Himmel kommen! (Matthäus 18,3)

Frage: Wie löscht Gott Sünden aus? Was sagte Jesus – wie welche Menschen sollen wir werden, wenn wir in den Himmel kommen wollen?

Schriftlesung: Psalm 131

Anregungen zum Gebet:

✳ Bitte Gott, dir zu helfen, Versuchungen zu widerstehen und so zu leben, dass er dadurch verherr-licht wird und dass du ihm dienen kannst.

❖ Bereue deine Sünden und bitte Gott, er möge nicht zulassen, dass du ohne ihn lebst.

14. Der zufriedene Pastor

Vor einiger Zeit hatte ein Pastor große Sorgen und Nöte, aber niemand hörte ihn je darüber klagen. Er war froh und zufrieden. Ein Freund fragte ihn: »Was ist dein Geheimnis? Warum bist du so glücklich?«

»Ich benutze meine Augen richtig«, antwortete der Pastor.

Der Freund war darüber erstaunt; darum erklärte ihm der Pastor: »An jedem neuen Morgen oder wenn ich vor einem neuen Problem stehe, schaue ich zuerst zum Himmel auf und denke daran, dass ich auf der Erde bin, um Gott zu verherrlichen. Ich bitte ihn um seine Gnade, um seine Kraft und die Weisheit des Heiligen Geistes und darum, dass er mir meine Sünden vergibt und mich gebrauchen möge, ihm zu dienen. Dann schaue ich zur Erde herunter und denke: *Wie wenig Platz werde ich brauchen, wenn ich einmal sterbe und begraben werde!* Und dann schaue ich um mich her und denke: *Wie viele Leute gibt es hier, die noch viel mehr Grund haben als ich, unglücklich zu sein!* Ich denke an Hebräer 13,5-6, wo steht: ›Begnügt euch mit dem, was vorhanden ist; denn er selbst hat gesagt: Ich will dich nicht aufgeben und dich niemals verlassen!‹«

Frage: Bist du glücklich und zufrieden mit dem, was du hast?

Schriftlesung: 1. Timotheus 6,6; Philipper 2,14; Sprüche 15,16

Anregungen zum Gebet:

* Bitte Gott, dass er dich froh und zufrieden sein lässt. Danke ihm für das, was er ist, und dafür, dass er Sündern das Heil anbietet, ohne eine Gegenleistung zu verlangen.

❖ Bitte Gott, dir zu deutlich zu machen, dass du einzig und allein ihn brauchst.

15. Der tote Rabe

Im Tal der Wupper lebte ein armer Weber. Niemals hatte man ihn klagen hören. Bei all seinen Nöten, Problemen und Sorgen sagte er oft einfach: »Nun, der Herr hilft!«

Damals war es sehr schwierig, Geld zu verdienen. Sein Chef sagte ihm, wenn er dieses Stück Stoff zu Ende gewebt habe, werde er für mindestens sechs Monate keine weitere Arbeit für ihn haben.

Der Mann war sehr traurig, als er das hörte. »Sechs Monate!«, dachte er. »Ein halbes Jahr lang!« Als er es seiner Frau berichtete, brach sie in Tränen aus: »Woher sollen wir ohne Geld Essen und Kleider für die Kinder bekommen?«

Alles, was der arme Weber dazu sagen konnte, war: »Nun, der Herr wird gewiss helfen!« Dann ging er hinaus. Er sah, wie einige Jungen auf der Straße spielten. Sie stocherten mit einem Stock an einem toten Raben herum. »Der arme Vogel!«, dachte der Mann. »Ich frage mich, woran er wohl gestorben sein mag.«

Als die Jungen fort waren, ging er zu dem toten Vogel hinüber. Er sah herab und entdeckte, dass etwas Schimmerndes in seinem Hals steckte. Mit seinem Taschenmesser holte er es heraus: Es war eine

wunderschöne goldene Halskette! Schnell ging er zum Juwelier im Dorf.

»Wissen Sie vielleicht, wem diese Kette gehört?«, fragte der Weber den Juwelier.

»Oh ja; das ist Frau Schellings Halskette!«

Frau Schelling? Das war die Frau seines Chefs! Der Weber eilte sofort zu ihr, um ihr die Halskette zurückzubringen.

Als die Schellings die erstaunliche Geschichte hörten, wie der Weber die Kette gefunden hatte, sagte Herr Schelling: »Ich werde niemals zulassen, dass so ein ehrlicher Mann wie Sie arbeitslos wird. Dies ist Ihr Finderlohn: Gleich morgen früh können Sie wieder an die Arbeit gehen. Ich kann einen ehrlichen Mann immer gebrauchen!«

Wie dankbar war dieser arme und doch so reiche Weber! Der Herr hatte ihm wieder einmal geholfen.

Frage: Wie war dieser Mann dem achten und neunten Gebot Gottes (2. Mose 20,15-16) gehorsam? Wem wurde auch durch Raben geholfen? (Tipp: siehe in 1. Könige)

Schriftlesung: Daniel 1,1-21

Anregungen zum Gebet:

✶ Danke Gott dafür, dass er dir täglich gibt, was du für Leib und Seele brauchst.

❖ Bitte Gott, dir zu zeigen, dass du einzig und allein ihn brauchst, um glücklich zu sein.

16. Die Party

Melanie war aufgeregt: Ihre Eltern hatten ihr erlaubt, zu einer Party zu gehen! Sie hatte ihnen nicht alle Einzelheiten gesagt, aber sie dachte, das sei nicht wichtig. Sie wollten sich zuerst bei ihrer Freundin Sharon zu Hause treffen und dann zu einer Fahrt mit dem Pferdeschlitten aufbrechen. Das schien eine Menge Spaß zu versprechen. Zuerst hatte ihre Mutter gezögert; aber was sollte an einer Schlittenfahrt schon verkehrt sein? – Allerdings hatte Melanie ihrer Mutter nicht gesagt, wohin sie anschließend gehen wollten ...

Melanie hatte Gewissensbisse. Sie war in einem liebevollen, christlichen Elternhaus aufgewachsen. Ihre Eltern waren gläubig und hatten ihren Kindern oft gesagt, wie dringend nötig es ist, bereit für die Ewigkeit zu sein. Ab und zu dachte Melanie, dass sie eigentlich ein sehr ungezogenes Mädchen war. Manchmal hatte der Gedanke an die Güte Gottes großen Eindruck auf sie gemacht. Aber diese Eindrücke waren im Laufe der Zeit verblasst.

Da ihre Eltern sie jetzt zum ersten Mal mit ihren Freunden ausgehen ließen, wollte Melanie nicht auf ihr Gewissen hören. Nach dem Abendessen betete Melanies Vater um Bewahrung für sie. Er bat Gott auch, sie vom Bösen fernzuhalten und ihre Seele zu retten. Fast hätte Melanie deshalb ihre Meinung geändert, ob sie zur Party gehen sollte. Ihr war ziemlich unwohl bei dem Gedanken.

Statt den Abend zu genießen, fühlte sie sich hundeelend. Ihre Freundin Sharon war so aufgeregt, dass sie gar nicht bemerkte, wie still Melanie war. Der Abend war kalt und sternenklar, und der Schnee glitzerte im Mondlicht. Die Schlittenfahrt hätte ihr Spaß machen sollen, aber Melanie wusste ganz genau, worauf es hinauslief.

Als sie die Bar in der Nachbarstadt erreichten, gingen die Jugendlichen hinein. Melanie folgte ihnen stumm. Sie war nie zuvor in einer Bar gewesen. Drinnen war es düster und voller Zigarettenqualm. Die Leute tanzten. Plötzlich wollte Melanie nach Hause. Sie hasste diesen Ort! Warum nur hatte sie nicht auf ihr Gewissen gehört? Sie wollte gehen, aber draußen konnte sie auch nicht warten; es war einfach zu kalt. Ihr war ganz elend, während sie in einer Ecke des Raums wartete. Mit Entsetzen bemerkte sie, dass die meisten Jugendlichen ihrer Gruppe sich betranken. Sie wollte beten, aber sie schämte sich so sehr, dass sie es nicht wagte.

Endlich war die Zeit gekommen, dass sie gingen. Auch Sharon war betrunken, und Melanie konnte es nicht erwarten heimzukommen. Doch was würden ihre Eltern sagen? Sie hatte nicht geahnt, dass ihre

Freunde tanzen und sich betrinken würden, aber sie hatte gewusst, dass sie in eine Bar gehen würden.

Melanie konnte in jener Nacht kaum schlafen. Am nächsten Morgen fragte ihre Mutter sie beim Frühstück: »Wie war die Schlittenfahrt, mein Liebling?«

Melanie brach in Tränen aus: »Es war schrecklich! Es war der schlimmste Abend meines Lebens!«

Sie fühlte sich als große Sünderin. Sie hatte nicht auf die liebevollen Warnungen ihrer Eltern geachtet. Sie hatte ihr Gewissen ignoriert. Sie hatte Gott nicht gehorcht und sich gegen ihn vergangen, der sie bisher doch so reich gesegnet hatte. Wie achtlos, sündig, schuldig und undankbar war sie doch! Melanie hatte das Gefühl, dass ihr nie vergeben werden könnte. Warum sollte Gott eine so schlimme Sünderin verschonen?

Ihre Eltern beteten für sie und mit ihr. Sie lasen ihr viele der tröstenden Verheißungen aus Gottes Wort vor. Letztendlich nahm Melanie den Herrn Jesus als Erlöser und Herrn ihres Lebens an und glaubte: »Das Blut Jesu Christi, seines Sohnes, reinigt uns von aller Sünde« (1. Johannes 1,7). Sie erfuhr selbst: »Der Herr, euer Gott, ist gnädig und barmherzig, und er wird das Angesicht nicht von euch wenden, wenn ihr zu ihm umkehrt« (2. Chronik 30,9).

Frage: Was musst du tun, wenn du in die Versuchung kommst, Gott und deinen Eltern ungehorsam zu sein? Welches Gebot brach Melanie, als sie ihren Eltern ungehorsam war? Wem ist es laut Kolosser 3,20 wohlgefällig, wenn wir diesem Gebot gehorchen?

Schriftlesung: 1. Korinther 10,13; Hebräer 2,18; Jakobus 1,3; Matthäus 26,41

Anregungen zum Gebet:

✳ Danke Gott für das gute Vorbild von Freunden und Familienangehörigen, die ihn lieben.

❖ Bitte Gott, dir ein empfindsames Gewissen zu schenken. Bitte ihn, dass er bewirkt, dass du auf sein Wort und auf dein Gewissen hörst.

17. Welchen Schaden Tratsch anrichtet

Ein junger Mann erzählte einmal vielen Leuten gemeine Dinge über ein älteren Herrn. Später stellte sich heraus, dass an diesen Gerüchten nichts Wahres war. Der junge Mann bat den älteren Herrn, dem er Unrecht getan hatte, um Verzeihung. Er fragte ihn, ob er irgendetwas tun könne, um sein Fehlverhalten wiedergutzumachen.

Der alte Mann schnappte sich ein Daunenkissen, klemmte es unter den Arm und führt den jungen Mann auf die Spitze eines Kirchturms. Als sie oben angekommen waren und auf das Dorf und die Felder ringsum schauten, wirbelte der Wind ihre Haare durcheinander und ließ ihnen ihre langen Mäntel um die Beine schlagen.

Da nahm der alte Mann das Kissen, gab es dem jungen Mann und sagte: »Reiß es auf!«

Der junge Mann war über die seltsame Bitte erstaunt, tat aber, wie ihm gesagt worden war. Auf der Stelle erfasste der Wind die Federn und wirbelte sie durcheinander. Eine Wolke weißer Daunen schwirrte ihnen um die Köpfe, wehte weit und breit davon, und tausende Federn begannen, im ganzen Dorf und noch weit darüber hinaus herabzufallen:

auf die Gehwege, Hecken, Höfe, Bäche, Bäume, Wiesen und Felder.

»Nun«, sprach der alte Mann, »geh hin, sammle alle Federn wieder ein und stopfe sie in das Kissen.«

»Alle?«

»Alle!«

»Aber das ist unmöglich!«

Da legte der alte Mann dem jungen Mann die Hand auf die Schulter und sagte freundlich: »Ich weiß. Ich wollte nur, dass du erkennst, wie unmöglich es ist, Klatsch und Tratsch wiedergutzumachen.«

»Wer als Verleumder umhergeht, deckt Geheimnisse auf; wer aber ein treues Herz besitzt, bewahrt Verschwiegenheit.« (Sprüche 11,13)

Frage: In Jakobus 3 werden wir davor gewarnt, ein Körperteil zum Bösen zu gebrauchen. Welches?

Schriftlesung: 1. Korinther 12,19-24

Anregungen zum Gebet:

* Bitte Gott, dich davor zu bewahren, verletzende und böse Worte zu sprechen. Bitte ihn, deine Zunge im Zaum zu halten, so dass deine Worte Jesus verherrlichen.

* Bitte Gott, dich von der Sünde zu überführen, dass du seine Rettung abgelehnt und ignoriert hast.

18. »Du bist der Gott, der mich sieht!«

M̲r. Williams liebte Gartenarbeit. In seinem Garten wuchs ein ganz besonderer Birnbaum einer seltenen Sorte. Mr. Williams pflegte diesen Baum sorgfältig seit mehreren Jahren. In einem Jahr blühte der Baum zwar, trug dann aber nur eine einzige Birne. Da dieser außergewöhnliche Birnbaum in diesem Jahr keine weiteren Birnen tragen würde, war Mr. Williams sehr besorgt um diese eine Birne. Er hoffte, dass kein starker Wind sie herabwehen würde. Er sah jeden Morgen und Abend nach ihr und war froh, wenn er sie heil vorfand.

Mr. Williams sagte seinen Kindern, sie dürften die Birne auf keinen Fall anfassen, denn die Frucht war empfindlich und durfte nicht berührt werden. Er dachte nicht im Traum daran, dass eines seiner Kinder auf die Idee kommen könnte, sie stehlen zu wollen.

Luke war der jüngste Sohn von Mr. und Mrs. Williams. Auch er sah oft diese Birne an und wünschte, er könne sie probieren. Luke hätte Gott bitten sollen, sein Herz rein zu machen und ihm das sündige, selbstsüchtige Verlangen nach dieser Birne zu nehmen. Aber das tat Luke nicht. Der Gedanke daran, wie gut diese Birne wohl schmecken würde, ging ihm nicht mehr aus dem Kopf.

Eines Nachts, als alle anderen schon im Bett lagen, ließ der Gedanke an diese Birne Luke keinen Schlaf finden. Er schlich sich aus dem Bett und ging zum Fenster. Er öffnete es und sah den Birnbaum draußen an. Beim Gedanken an diese köstliche Birne lief ihm das Wasser im Mund zusammen.

Rasch zog er sich an und schlich sich barfuß die Treppe hinab. Schon bald war Luke am Baum. Er stand dort, sah zur Birne hinauf und dachte: »Was wird mein Vater wohl sagen?«

Luke beantwortete sich die Frage, indem er sich einredete, sein Vater würde ja gar nicht wissen, wer sie geklaut hätte. Er entschloss sich, die Frucht zu pflücken und zu essen. Schon streckte er die Hand nach der Birne aus, aber als er die Zweige beiseite schob, sah er einen Stern, der hell am dunklen, klaren Himmel strahlte. Plötzlich kamen ihm die Worte in den Sinn: »Du bist der Gott, der mich sieht!«

Luke zog seine Hand zurück, als ob er sich verbrannt hätte, und rannte so schnell er konnte die Treppe wieder hinauf und warf sich ins Bett. Dort lag er und zitterte. Gott hatte ihn gesehen! Er war ein Dieb! Ja, das war er wirklich, obwohl er die Birne am Ende doch nicht gestohlen hatte!

Er weinte stumm in sein Kopfkissen und bat Gott um Vergebung; zugleich dankte er ihm, dass er ihn davor bewahrt hatte, die Birne zu stehlen. Dann schlummerte er ein und schlief tief und fest.

Am nächsten Morgen kam Mr. Williams aus dem Garten herein und sagte: »Die Birne ist reif. Es ist Zeit, sie zu pflücken; aber wer soll sie bekommen?«

Ohne Nachdenken platzte es aus Luke heraus: »Gott soll sie bekommen!«

Mr. und Mrs. Williams und die anderen Kinder waren über diese seltsame Antwort erstaunt. »Warum sagst du das?«, fragte Lukes Vater.

Luke spürte, wie er rot wurde und ihm Tränen in die Augen schossen. Er begann zu schluchzen. Dann erzählte er ihnen, dass er in der vergangenen Nacht beinahe zum Dieb geworden wäre. Tatsächlich war er bereits ein Dieb, denn er hatte geplant, die Birne zu stehlen. Er erzählte ihnen, wie Gott den Stern benutzt hatte, um ihn davon abzuhalten.

Alle waren von Lukes Bekenntnis angerührt, aber niemand war zornig auf ihn, denn seine Reue war echt. Lukes Vater umarmte ihn sanft und sagte: »Dann soll es genau so sein, wie du gesagt hast: Gott soll die Birne bekommen, und wir wollen sie ihm geben, indem wir sie einem seiner geliebten Kinder geben.«

Lukes Schwester Louise fragte: »Wie wäre es mit unserer Nachbarin Annie? Sie ist schon so lange krank! Sie hat so oft ganz trockene und spröde Lippen, und ihre Eltern können ihr nur selten gutes

Essen kaufen. Ich bin sicher, sie würde sich sehr über eine schöne saftige Birne freuen!«

Genau dazu entschlossen sie sich. Mrs. Williams und Luke brachten die Birne zu Annie. Wie sehr freute sie sich darüber! Wie dankbar war sie! Es machte Luke weit glücklicher, Annies Lächeln zu sehen, als wenn er die Birne selbst gegessen hätte. Welch wichtige Lektion hatte Luke hier gelernt! Hast du sie verstanden? »Du bist der Gott, der mich sieht!«

Frage: Wie fühlst du dich dabei, wenn du darüber nachdenkst, dass Gott dich allezeit sieht?

Schriftlesung: 1. Mose 16,1-14; Lukas 8,16-18

Anregungen zum Gebet:

* Danke Gott dafür, dass er immer und überall da ist und über dich wacht, und dass nichts vor ihm verborgen ist.

❖ Wende dich davon ab, so zu leben, als ob Gott dich nicht sehen würde. Bitte Gott, dich davon zu überzeugen, wie ernst er alle Sünde und allen Ungehorsam nimmt.

19. Betet ohne Unterlass!

Mehrere Prediger waren beisammen, um über schwierige Fragen zu diskutieren. Eine Frage war, wie man dem Gebot von 1. Thessalonicher 5,17 gehorsam sein kann: »Betet ohne Unterlass!« Die Männer schlugen verschiedene Antworten vor, und zuletzt wurde einer der Prediger beauftragt, bis zum nächsten Treffen einen Aufsatz über dieses Thema zu schreiben. Ein junges Dienstmädchen, das gerade im Raum war, um Getränke zu servieren, bekam die Diskussion mit und rief erstaunt: »Wie? Man braucht doch nicht einen ganzen Monat, um die Bedeutung dieses Textes zu erklären! Das ist doch einer der einfachsten und besten Verse in der Bibel!«

»Nun denn, Mary«, sagte ein alter Pastor, »Was weißt du darüber? Kannst du ohne Unterlass beten?«

»Aber sicher, mein Herr!«

»Wirklich? Wie ist das möglich, wenn du doch so viel zu tun hast?«

»Nun, mein Herr, je mehr ich zu tun habe, desto mehr bete ich.«

»Na so was! Nun, Mary, wie tust du das? Die meisten Leute würden dir nicht zustimmen.«

»Nun, mein Herr«, sagte das Mädchen, »wenn ich morgens meine Augen öffne, bete ich: ›Herr, öff-

ne die Augen meines Herzens, dass ich dich erkenne.‹ Während ich mich wasche, bete ich, dass er alle meine Sünden abwaschen möge. Während ich mich anziehe, bete ich, dass er mich mit dem Kleid der Gerechtigkeit bekleiden möge. Wenn ich zu arbeiten beginne, bete ich, dass ich für alle Arbeit, die heute zu tun ist, die nötige Kraft empfange. Während ich das Feuer anzünde, bete ich, dass in mir das Feuer der Erweckung brennen möge. Während ich das Frühstück zubereite und esse, bete ich, mit dem Brot des Lebens und der reinen Milch des Wortes genährt zu werden. Während ich das Haus fege, bete ich, dass alle Unreinheit aus meinem Herzen gekehrt werden möge. Während ich mich um die kleinen Kinder kümmere, schaue ich zu Gott auf und bete, dass ich immer die vertrauensvolle Liebe eines kleinen Kindes haben möge, und während ich …«

»Genug, genug!«, rief der Prediger. »Diese Wahrheiten sind den Weisen und Klugen oft verborgen, aber den kleinen Kindern sind sie offenbart, wie der Herr selbst sagt« (Matthäus 11,25). Er fuhr fort: »Mach weiter so, Mary; bete ohne Unterlass! Was uns Brüder betrifft: Lasst uns dem Herrn für diese Lektion danken!«

Frage: Kannst du dir noch andere Gelegenheiten während eines Tages vorstellen, an denen du ebenso wie dieses Dienstmädchen beten kannst?

Schriftlesung: Lukas 11,5-10

Anregungen zum Gebet:

✳ Danke Gott dafür, dass er Gebet hört und erhört. Danke ihm dafür, dass auch du immer und überall zu ihm beten darfst.

❖ Bitte Gott, dein Herz zu verändern, damit es nicht mehr selbstsüchtig und stolz ist, sondern sich in allen Dingen von ihm abhängig weiß.

Teil 2
Der Wert der Heiligen Schrift

20. Die Bibel des kleinen Mädchens

In einem überfüllten Zug von Boston nach Springfield saß eine Mutter mit ihrer kleinen Tochter. Sally war acht Jahre alt. Sie hatte schon früh gelernt, ganz auf Jesus Christus zu vertrauen und ihrem geliebten Heiland zu dienen. In ihrer Hand hielt sie eine Bibel, die ihr erst kürzlich geschenkt worden war. Sally war über ihre neue Bibel sehr glücklich und wusste sie sehr zu schätzen.

Nicht weit von ihnen saß eine Gruppe junger Männer, die gerade erst in die Armee der Vereinigten Staaten von Amerika eingezogen worden waren. Sie redeten laut miteinander und fluchten dabei fürchterlich. Insbesondere einer von ihnen, der ihr Anführer zu sein schien, fluchte schlimmer als alle anderen zusammen.

Die Mutter des kleinen Mädchens war über diese schrecklichen Flüche zutiefst erschüttert. Sie blickte um sich, ob sie nicht irgendwo anders im Waggon einen Platz finden könnte, aber ausnahmslos jeder Sitz war belegt. Sie wusste nicht, was sie tun sollte.

Da flüsterte die kleine Sally ihrer Mutter ins Ohr: »Lass mich zu ihm gehen und ihm die Bibel geben, Mama.«

Die liebe Sally stand ängstlich von ihrem Platz auf, ging zu dem jungen Mann, der am lautesten von allen fluchte, und bot ihm die Bibel an. Sie war ein kleines, zierliches Geschöpf; und als sie ihm das Buch in die Hand drückte, sagte sie kein einziges Wort, sondern sah ihm nur mit einem ernsten Blick in die Augen, der zu sagen schien: »Bitte hör auf zu fluchen!« Dann ging sie wieder zu ihrem Platz zurück.

Was dieses kleine Mädchen tat, hatte auf die jungen Männer eine erstaunliche Wirkung: Auf der Stelle verstummten sie. Ihr lautes Reden hörte auf. Ihr Fluchen hörte auf. Für den ganzen Rest der Reise war kein einziger Fluch mehr zu hören.

Der junge Mann, dem sie die Bibel gegeben hatte, schien besonders berührt. Beim nächsten Halt des Zuges stieg er aus, kaufte einen Schokoriegel, kam zurück und gab ihn dem Mädchen. Dann beugte er sich nieder, küsste ihr auf die Wange und sagte: »Ich danke dir, liebes Kind, für deine Bibel. Ich werde sie immer behalten und sie jeden Tag lesen. Und dabei werde ich immer an dich denken. Wirst du auch für mich beten? Ich werde meinen Eltern schreiben und ihnen von dir erzählen. Sie werden mir sagen, dass du eine Gebetserhörung bist.«

Sally sah den jungen Mann nie wieder, aber sie betete oft für ihn. Sie glaubte auch, dass der Herr ihre Gebete ebenso erhören würde wie die des jungen Mannes und seiner Eltern.

Frage: Was bewirkt die Bibel bei dir? Wie hält sie dich vom Sündigen ab? Wie hilft sie dir, Gott zu gehorchen? (Siehe 2. Timotheus 3,16)

Schriftlesung: Johannes 20,30-31

Anregungen zum Gebet:

✳ Bete für Menschen aus deinem Bekanntenkreis, die Jesus Christus noch nicht als ihren Erretter und Herrn angenommen haben. Bitte Gott, sie zu sich zu ziehen.

❖ Bitte Gott, dass du ihn in rettender Weise erkennst.

21. Alles inklusive!

Ein Mann wollte verreisen und packte seinen Koffer. Ein Freund sah ihm dabei zu. Der Mann sagte: »Jetzt habe ich nur noch eine kleine Ecke in meinem Koffer frei. Dort hinein werde ich eine Landkarte, eine Lampe, einen Spiegel, ein Fernrohr, einen Gedichtband, ein paar Biographien, ein Bündel Briefe, ein Gesangbuch und ein scharfes Schwert packen – und all das in eine Lücke, die nur etwa zwölf mal zwanzig Zentimeter groß ist!«

»Wie willst du das anstellen?«, fragte ihn sein Freund.

»Ganz einfach«, entgegnete der Mann. »All das ist nämlich in meiner Bibel enthalten!«

Frage: Hältst du deine Bibel ebenso hoch in Ehren wie dieser Mann? Ist die Bibel deine Landkarte, dein Licht, dein Spiegel und dein Schwert? Was ist mit diesen vier Wörtern gemeint? Lies Esra 7,10. Was tat Esra mit Gottes Wort?

Schriftlesung: Psalm 119,105-112

Anregungen zum Gebet:

✶ Bitte Gott, dir zu zeigen, wie du ihn heute ehren und ihm gehorsam sein kannst.

❖ Bitte Gott, dir die Sünde in deinem Herzen aufzuzeigen. Bitte ihn um Vergebung und dass er dir hilft, in Zukunft nicht mehr zu sündigen.

22. Gottes Wort ist mächtig

Eines Tages besuchte ein Bibelvorleser ein Gefängnis in London. Ein Bibelvorleser war jemand, der Notleidende besuchte und ihnen Gottes Wort vorlas. Als er zum Gefängniswärter kam, sagte er zu ihm: »Mein Herr, gibt es in diesem Gefängnis eine Zelle, in der Ihre schlimmsten Straftäter sitzen?«

»In der Tat«, antwortete der Gefängniswärter. »Sie sind ein Haufen übler Männer – heimtückisch und von schlechtem Benehmen.«

»Würden Sie mir gestatten, dort hineinzugehen? Ich möchte versuchen, ihnen etwas Gutes zu tun«, sagte der Bibelvorleser.

»Unmöglich!«, rief der Gefängniswärter. »Es ist gefährlich, sich allein unter diese Männer zu wagen. Ich werde mich hüten, Ihnen das zu erlauben! Selbst ich gehe dort niemals unbewaffnet hinein.«

»Ach, das ist schon alles?«, antwortete der Bibelvorleser. »Dann fürchte ich mich nicht. Ich bin ›bewaffnet‹. Bitte lassen sie mich dort hinein.«

Zögernd gab der Gefängniswärter die Zustimmung, ihn dort hineinzulassen, und vereinbarte ein geheimes Klopfzeichen, das er geben sollte, falls es gefährlich würde. Dann ließ man den Bibelvorleser in die Zelle hinein, und die Tür wurde hinter ihm zugeschlossen.

Als er nun auf sich allein gestellt in der Zelle voll finster dreinblickender Männer war, zog der Bibelvorleser seine »Waffe« aus der Tasche: Es war das Schwert des Geistes – Gottes Wort. Mit der Bibel in der Hand setzte er sich auf den nächstbesten freien Platz, schlug das Buch auf und las daraus etwa fünfzehn Minuten lang vor, ohne ein einziges eigenes Wort hinzuzufügen. Die Stellen, die er ausgewählt hatte, handelten vorwiegend über den Aufruf, sich erretten zu lassen, und über Gottes Verheißungen. Die Gefangenen hörten still zu. Als er mit dem Vorlesen fertig war, fragte er sie: »Wollt ihr, dass ich morgen wiederkomme und euch wieder vorlese?«

Sie sagten: »Sehr gerne!« So geschah es denn am nächsten Tag, ebenso am folgenden und so weiter, bis er zwölf Mal dort gewesen war. Als er am dreizehnten Tag ankam, sagte der Gefängniswärter zu ihm: »Wie es aussieht, haben Sie das Problem ganz allein gelöst. Es ist niemand mehr in dieser Zelle übrig. Die Männer haben sich so gut verhalten, dass sie in einen anderen Teil des Gefängnisses mit milderen Haftbedingungen verlegt wurden. Diese Zelle ist den schlimmsten Übeltätern vorbehalten.«

Das war eine gute Nachricht für den Bibelvorleser. Durch das Vorlesen des Wortes Gottes wurde eine ganze Zelle voll übelgelaunter und verwahrloster Männer dahin geführt, sich besser zu verhalten. Natürlich wünschte sich der Bibelvorleser, dass nicht nur das Verhalten der Männer verwandelt würde, sondern auch ihr Herz; jedenfalls war er ermutigt, seine Arbeit fortzusetzen, weil er erlebt hatte, dass Gottes Wort mächtig ist.

Frage: Wie kann jemand, der sich anständig benimmt, in Wahrheit gar kein Christ sein? Siehe dazu Johannes 3,3 und Epheser 2,8.

Schriftlesung: Psalm 145,4

Anregungen zum Gebet:

✴ Bitte Gott, dich aus seinem Wort zu lehren und dich durch sein Wort zu verändern, damit du seinem Sohn Jesus Christus ähnlicher wirst.

❖ Bitte Gott, dir zu zeigen, wer sein Sohn Jesus Christus wirklich ist. Bitte ihn, dass du überzeugt wirst von deiner Sünde und von der Liebe Jesu, der für Sünder starb.

23. Ein verborgener Schatz

Ein reicher Mann zeigte einem alten Professor sein sehr teuer und luxuriös ausgestattetes Haus.

Der Professor war sehr an der großen Bibliothek des Mannes interessiert. Sie steckte vom Fußboden bis zur Zimmerdecke voll wertvoller Bücher. Der Professor wollte gerne in diesem Raum bleiben, aber der Mann schob ihn wieder hinaus und sagte achtlos: »Ich habe kein einziges Buch davon gelesen, aber sie sehen sehr schön aus, nicht wahr?«

Der Professor war entsetzt: »Was?«, entgegnete er, »dieser Raum ist die reinste Schatzkammer, aber Sie messen ihr keinen Wert bei!«

Als der Professor nach Hause kam, wurde ihm plötzlich etwas klar, was er vorher noch nie so gesehen hatte. Er nahm seine wunderschöne Bibel in die Hand und schüttelte beschämt den Kopf. »Wer bin ich, dass ich so etwas sage?«, sprach er. »Ich habe genauso gesündigt. Das hier ist meine ›Schatzkammer‹; wie wenig aber habe ich sie geschätzt!«

Frage: Was meinte der Professor mit den Worten: »Ich habe genauso gesündigt«? Es ist eine feine Sache, eine schöne Bibel im Haus zu haben; was aber ist noch viel wichtiger?

Schriftlesung: Amos 8,11-14

Anregungen zum Gebet:

✴ Danke Gott dafür, dass er dir sein Wort gegeben hat, dass du es hören und selber lesen kannst. Bitte ihn, dass er dir hilft, es wertzuschätzen.

❖ Bitte Gott, dir Liebe zu seinem Wort und Hochachtung dafür zu geben. Bete, dass er dich davon überzeugt, dass sein Wort wahr ist, und dass er dich dahin führt, dich Gott zu unterwerfen.

24. Wie Gott durch ein Gewitter wirkte

Vor einigen Jahren war der Prediger Morris unterwegs im Bergland von Vermont. Als er über die Berge ritt, merkte er, dass sich der Himmel verfinsterte und von ferne Donner grollten. Der Pfad, auf dem er mit seinem Pferd ritt, führte durch einen dichten Wald. Weil er meinte, dass dieser Teil der Wälder unbewohnt sei, trieb er sein Pferd so schnell an wie möglich. Er hoffte, ein Haus zu finden, bevor das Gewitter losbrechen würde.

Gerade als die ersten Regentropfen fielen, sah er durch die Bäume ein kleines Haus. Als er sein Pferd dort angebunden hatte, regnete es schon in Strömen. Ohne nachzudenken und ohne vorher anzuklopfen, stürmte er ins Haus hinein. Dadurch erschreckte er eine Frau, die drinnen gerade mit ihrem kleinen Sohn spielte.

»Oh, entschuldigen Sie, Madam!«, rief Mr. Morris. »Ich wollte Sie nicht erschrecken. Es gießt draußen fürchterlich, und ich wollte schnell ins Trockene. Haben Sie etwas dagegen, wenn ich hier warte, bis das Unwetter vorüber ist?«

»Das ist in Ordnung«, antwortete die Frau. »Ehrlich gesagt fürchte ich mich bei einem Gewitter immer ein wenig und bin froh, wenn dann jemand da ist. Darf ich ihnen etwas Warmes zu trinken anbieten?«, fragte sie. Bald war sie mit einer Tasse Kaffee zurück.

»Warum fürchten Sie sich vor Gewitter?«, fragte Mr. Morris. »Donner ist die Stimme Gottes. Er wird denen keinen Schaden zufügen, die ihn lieben.«

Die junge Frau errötete und wurde nervös. Sie war nie zuvor jemandem begegnet, der so redete. Mr. Morris schien das nicht zu bemerken und fragte: »Haben Sie vielleicht Nachbarn, die Christen sind?«

»Ich weiß nicht. Meine nächsten Nachbarn wohnen gut drei Kilometer entfernt. Alle zwei oder drei Wochen kommt ein Pastor bei ihnen zu Besuch. Mein Mann ging einmal dorthin, um ihn zu treffen, aber ich war noch nie dort.«

»Lesen Sie die Bibel?«, fragte der Prediger.

Die Frau schüttelte den Kopf: »Nein.« Sie wünschte, er würde ihr nicht so viele Fragen stellen.

»Warum nicht? Interessiert Sie die Bibel nicht?«, bohrte er nach.

»Eigentlich weiß ich nicht, warum. Wissen Sie, mein Herr, ich habe die Bibel noch nie gelesen. Ich bin noch nicht einmal zur Schule gegangen, weil meine Mutter starb, als ich sieben Jahre alt war. Ich musste mich dann um meine drei kleinen Brüder kümmern. Als ich heiratete, brachte mein Mann mir

Lesen und Schreiben bei, aber wir haben keine Bücher, die wir lesen könnten.«

Mr. Morris war erschüttert, ließ es sich aber nicht anmerken. Diese Frau brauchte dringend eine Bibel, aber er hatte weder eine zur Hand noch viel Geld dabei.

Das Unwetter war bald vorüber, und die Sonne brach wieder durch die Wolken.

»Ich werde mich jetzt wieder auf den Weg machen, Madam. Vielen Dank, dass Sie mir erlaubt haben, hier zu warten.« Mr. Morris hielt nachdenklich inne. Er hatte gerade genug Geld mit, um bis nach Hause zu kommen. Er musste unterwegs zu Essen kaufen und zweimal in einem Gasthaus übernachten. Wenn er dieser Frau sein Geld gab, wo sollte er dann schlafen? Er hatte einen Laib Brot mit; daher könnte er wohl damit bis zu Hause auskommen. Er band sein Pferd los und wandte sich dem Weg zu, aber er hatte den Eindruck, er könne diese Frau nicht zurücklassen, ohne ihr das Wort Gottes gesagt zu haben.

»Madam«, rief er ihr zu, »würden Sie die Bibel lesen, wenn Sie eine hätten?«

»Aber sicher, mein Herr! Ich habe mich schon immer gefragt, was es mit der Bibel auf sich hat. Aber wir konnten uns bisher keine leisten«, antwortete sie leise und zaghaft.

»Was soll ich nur tun, Herr?«, betete der Prediger innerlich.

Da erinnerte Gott Mr. Morris an diese Worte aus der Bibel: »Wer sich über den Armen erbarmt, der leiht dem HERRN, und er wird ihm seine Wohltat vergelten« (Sprüche 19,17), und an diesen Vers: »Sende dein Brot übers Wasser, so wirst du es nach langer Zeit wiederfinden« (Prediger 11,1).

Der Prediger wusste, was zu tun war. Er zog seine Geldbörse, nahm fast sein ganzes Geld heraus und sagte: »Nehmen Sie es, kaufen Sie sich eine Bibel und lesen Sie sie häufig. Bitten Sie Gott, dass er Ihnen hilft, sie zu verstehen. Gott segne Sie, Madam.«

»Vielen Dank, mein Herr! Sie sind sehr freundlich! Ich weiß auch, wo ich eine bekommen kann!«, sprach sie lächelnd und mit Freudentränen. Der Prediger verließ sie und setzte seinen Weg durch den Wald fort. Bei Sonnenuntergang begann er nach einem Gasthaus Ausschau zu halten, konnte aber nicht einmal ein Dorf finden. Schließlich hielt er an einem Haus und fragte, ob es in der Nähe ein Gasthaus gebe. Die Mutter der Familie, die dort wohnte, lachte auf und sagte, bis zum nächsten Gasthaus müsse er die ganze Nacht hindurch reiten. Sie lud ihn ein, zum Abendessen und über Nacht bei ihnen zu bleiben. Am nächsten Morgen weigerte sich die Frau, Geld von ihm anzunehmen.

So geschah es an jedem Ort, wo der Prediger Halt machte. Keine einzige Familie wollte Geld von ihm annehmen. Mr. Morris war beeindruckt, wie gut der Herr zu ihm war. Einige Tage später kam er wohlbehalten zu Hause an und hatte sogar noch etwas Geld in der Tasche. Er entschloss sich, dieses Geld einer armen Witwe zu geben, die in seiner Stadt wohnte.

Anderthalb Jahre später machte ein Fremder am Haus des Predigers Halt, und Mr. Morris lud ihn zum Abendessen ein. Der Fremde sagte, dass er von jenseits der Berge aus der Nähe des Flusses *Connecticut River* komme.

»Ach«, sagte der Prediger lächelnd, »dann kennen Sie vielleicht die Wilsons und die Cartwrights? Sie leben auch in dieser Gegend.«

»Ja, ich kenne sie sehr gut!«

»Wissen Sie, ob es in dieser Gegend noch weitere Christen gibt?«, fragte Herr Morris.

»Nun, außer den Wilsons und den Cartwrights gibt es dort keine weiteren. Doch in einer kleinen Stadt etwa 50 Kilometer jenseits des Flusses hat es anscheinend eine Erweckung gegeben. Sie begann auf sehr ungewöhnliche Weise. Die erste Person, die sich bekehrte, war eine arme Frau, die in einem abgeschiedenen Teil des Waldes wohnt. Als sie getauft wurde, erzählte sie uns, dass ein Fremder an ihrem Haus Halt machte, weil ein Gewitter aufkam, und dass er sehr ernsthaft zu ihr sprach. Während sie zuhörte, begann sie sich um ihr Seelenheil zu sorgen. Der Reisende war erstaunt zu hören, dass sie keine

Bibel besaß, und gab ihr Geld, damit sie sich eine kaufen konnte. Das tat sie gleich am Tag darauf, und durch das Lesen dieser Bibel bekehrte sie sich. Sie hat keine Ahnung, wer dieser Mann war, aber sie glaubt, dass Gott ihn zu ihr sandte. Die Nachbarn bemerkten, dass sich bei ihr etwas verändert hatte und waren von der Güte und Macht des Herrn sehr beeindruckt. Sie begannen auch die Bibel zu lesen, was sie bisher versäumt hatten, und zahlreiche von ihnen haben sich seitdem bekehrt.«

Der Prediger konnte die Tränen nicht zurückhalten, als er das hörte. Plötzlich rief er aus: »O Gott, du hast es mir reichlich vergolten!« Sein Herz strömte in Demut und vor Dankbarkeit über. Gott hatte ihn benutzt, um dieser Frau und anderen zu einer echten Bekehrung zu verhelfen.

Frage: Wie hat Gott dem Prediger »vergolten«? Warum war er dankbar (Lukas 15,7)? Wer jubelt in Zefanja 3,17?

Schriftlesung: Sprüche 19,17; Prediger 11,1; Psalm 19.

Anregungen zum Gebet:

* Bete für Missionare, die denen Gottes Wort bringen, die noch nicht von Jesus gehört haben.
* Bete, dass du Christus und seine Liebe nicht abweist, wenn du von ihm hörst.

25. Auswendig oder inwendig lernen?

Arthur rannte zum Wagen und rief: »Großvater, rate mal!«

»Ja, was denn?«, rief der Großvater, als er aus dem Wagen stieg. Kaum wer der Großvater ausgestiegen, schwirrten Arthur und seine Brüder schon um ihn herum.

»Ich habe eine deiner Lieblings-Bibelstellen auswendig gelernt. Ich habe sie für die Sonntagsschule gelernt. Ich kann sie auswendig aufsagen!« Arthur war offenbar ganz stolz.

»Welche Stelle ist es?«, fragte sein Großvater.

»1. Johannes 4«, erklärte Arthur. Er erwartete, dass der alte Mann ihn bitten würde, die Stelle aufzusagen. Doch stattdessen sagte er ernst: »Ich freue mich, das zu hören, mein Junge. Ich hoffe, dass der Heilige Geist dir dieses Kapitel ins Herz schreiben wird. Das wird dich für Zeit und Ewigkeit glücklich machen.«

Arthur rannte schnell davon, um auf den Baum im Garten hinter dem Haus zu klettern. Großvater folgte ihm langsam und setzte sich auf einen Stuhl im Schatten eines anderen Baumes ganz nah beim Haus. Die Jungen dachten, er sei ins Haus gegan-

gen, um mit ihrer Mutter zu reden, und bemerkten nicht, dass er jedes Wort verstehen konnte, das sie sprachen.

»He! Wer hat dir erlaubt, hierher zu kommen?« Das war Arthurs Stimme. »Du bist zu klein. Das hier ist nur für uns große Jungs.«

Andrew entgegnete hartnäckig: »Ich *bin* groß!«

Arthur wandte sich an den großen Bruder: »Jerry, hast du nicht gesagt, dass das hier nur für uns beide ist? Du hast gesagt, dass es ein geheimes Versteck ist!«

»Ha!«, lachte Andrew. »Das ist nicht gerade geheim!«

»Geh runter! Du darfst nicht hier oben sein!«

»Ich gehe nicht runter!«

»Raus mit dir!«, wiederholte Arthur.

»Das werd' ich Mama sagen!«, drohte Andrew.

Arthur ignorierte den kleinen Bruder und versuchte, Andrew Richtung Tür zu schieben. Sofort boxte Andrew ihn auf die Brust. Daraus wäre eine ernsthafte Prügelei geworden, wenn Großvaters Stimme sie nicht gestoppt hätte:

»Arthur, komm mal her!«

Arthur begann sich zu fürchten, als er die Stimme seines Großvaters hörte, aber er versuchte, dies nicht zu zeigen. »Du kommst hier nicht noch einmal herauf!«, flüsterte er seinem kleinen Bruder ärgerlich zu. Zögernd kletterte er die Leiter hinab und ging zu seinem Großvater.

Großvater legte Arthur die Hand auf die Schulter und bat ihn, das Kapitel aufzusagen, das er auswendig gelernt hatte. Arthur blickte ihn überrascht an. Vielleicht hatte er den Streit gar nicht mitbekommen? Er atmete tief ein und begann, die Verse herunterzurattern; dann sah er seinen Großvater in der Erwartung an, dass er ihn loben würde.

Der alte Mann hob die Hand. »Langsam, langsam! Denke immer über alles nach, was du sagst. Fang noch mal von vorne an.«

Arthur sprach langsamer. Er bemerkte, wie Großvater nickte, und begann über das nachzudenken, was er aufsagte. Als er zu den Versen sieben und acht kam, fing er an zu verstehen, warum sein Großvater ihn gebeten hatte, das Kapitel aufzusagen: »Geliebte, lasst uns einander lieben! Denn die Liebe ist aus Gott, und jeder, der liebt, ist aus Gott geboren und erkennt Gott. Wer nicht liebt, der hat Gott nicht erkannt; denn Gott ist Liebe.«

Arthur schaute zu Boden und stocherte verlegen mit dem Fuß an ein paar Lehmklumpen.

Die letzten beiden Verse trafen sein Gewissen besonders: »Wenn jemand sagt: ›Ich liebe Gott‹, und hasst doch seinen Bruder, so ist er ein Lügner; denn wer seinen Bruder nicht liebt, den er sieht, wie kann der Gott lieben, den er nicht sieht? Und dieses Gebot haben wir von ihm, dass, wer Gott liebt, auch seinen Bruder lieben soll« (Verse 20-21).

»Mein lieber Junge«, sagte sein Großvater, »ich hoffe, das verdeutlicht dir einen wichtigen Unterschied: Es ist eine Sache, etwas nur auswendig zu kennen, aber eine ganz andere und wichtigere, sie auch im Herzen verinnerlicht zu haben. Es ist sehr leicht, ein Kapitel über Liebe auswendig zu lernen, aber wir brauchen Gottes Gnade, damit wir die Bibelworte auch verinnerlichen. Es genügt nicht, etwas nur auswendig zu wissen, Arthur. Das wird uns nicht davor bewahren zu sündigen. Du hast dieses Kapitel gelernt, aber das hat dich nicht davon abgehalten, mit deinem Bruder in Streit zu geraten. Wenn der Herr beginnt, am Herzen eines Menschen zu wirken, dann wird das in seinem Lebenswandel deutlich und erkennbar, genauso wie ein Obstbaum Frucht trägt. Es ist gut, Bibeltexte auswendig zu lernen, aber vor allem musst du den Herrn bitten, dadurch dein Herz zu verändern, damit du auch das tust, was du lernst.«

Arthur war von der liebevollen Ermahnung seines Großvaters beeindruckt. Arthurs Großvater wiederum freute sich später sehr, als er erfuhr, dass 1. Johannes 4 für Arthur ein Kapitel wurde, das ihm persönlich viel bedeutete.

Frage: Bibeltexte auswendig lernen ist sehr gut, aber was ist besser?

Schriftlesung: 1. Johannes 3,13-24

Anregungen zum Gebet:

* ✳ Bitte Gott, dich den ganzen Tag über an sein Wort zu erinnern, so dass du ihm gehorchen und ihn verherrlichen kannst.

* ❖ Bitte Gott, dir zu zeigen, was es bedeutet, dass du ein Sünder bist. Bitte ihn, dir das Verlangen zu sündigen zu nehmen und dir ein neues Herz zu geben, das ihn liebt. Bitte ihn, dass er sein Wort an deinem Herzen segnet und Frucht bringen lässt.

26. Die Bibel von Mary Jones

Mary lebte in Wales auf der britischen Insel. Ihre Eltern waren arme Weber. In der Sonntagsschule bekam Mary Bibelunterricht. Gott segnete Mary durch diesen Unterricht sehr, und sie begann die Bibel liebzugewinnen. Marys Familie war arm und konnte es sich nicht leisten, eine Bibel zu kaufen. Denn Bibeln waren damals schwer zu erwerben und sehr teuer.

Mary begann Geld zu verdienen, um sich eine eigene Bibel zu kaufen. Sie arbeitete als Kindermädchen und flickte Kleider. Sie hielt sich Hühner und verkaufte deren Eier. Sie ging putzen. Sie tat alles Mögliche, um Geld für ihre eigene Bibel zu verdienen. Nach sechs Jahren Arbeit hatte sie schließlich genug Geld angespart. Der nächste Ort, an dem man eine Bibel kaufen konnte, lag jedoch vierzig Kilometer entfernt. Trotzdem nahm Mary den langen Weg bis zum Haus von Pastor Edwards bereitwillig in Kauf. Man hatte ihr gesagt, dass sie bei diesem Prediger eine Bibel kaufen könne.

Als sie am nächsten Tag bei Pastor Edwards ankam, sagte sie ihm, warum sie gekommen war und bat ihn um eine Bibel. Er antwortete: »Ich habe keine. Dort im Regal stehen zwar zwei Bibeln, aber die sind schon anderen versprochen. Mehr habe ich nicht.«

Pastor Edwards Antwort machte Mary das Herz schwer. Tiefe Verzweiflung schien wie eine dunkle Wolke über sie zu kommen. Es war, als ob eine riesige Welle über ihr zusammenbrach, die sie erdrückte und in die Tiefe zog. All die Jahre der Arbeit, des Hoffens und Harrens schienen vergebens gewesen zu sein. Der lange, ermüdende Fußmarsch den ganzen Tag zuvor – umsonst! Wie glücklich war sie gestern gewesen, so voller Hoffnung. Aber nun war alles vergeblich! Bei diesem letzten Gedanken übermannten sie ihre Gefühle, und sie brach in Tränen aus. Sie verbarg ihr Gesicht in den Händen und sank auf einen Stuhl, denn sie zitterte so sehr, dass sie nicht mehr stehen konnte. Wie konnte sie ohne eine Bibel zurückgehen?

Pastor Edwards erkannte sofort, wie sehr das Mädchen sich eine Bibel wünschte, und legte Mary seine Hand auf den Kopf. »Mein Kind«, sagte er, »du sollst deine Bibel bekommen. Ich kann dich nicht ohne sie fortschicken, auch wenn dann jemand anderes leer ausgeht. Beruhige dich, mein Kind.«

Er ging zum Bücherschrank, öffnete ihn, nahm eine Bibel heraus und kam zu Mary zurück. »Nimm sie, Mary«, sagte er und drückte sie ihr in die Hand.

Marys Augen waren noch immer voller Tränen, als sie zu ihm aufsah und ein hoffnungsvoller Blick ihr Gesicht erhellte. »Ist die wirklich für mich?«, flüsterte sie.

»Sie ist für dich, mein Kind«, sagte Pastor Edwards. Mary stand auf und bedankte sich stammelnd bei dem Pastor. Ihr einziger Wunsch war, jetzt zu ihren Eltern zurückzukehren, um ihnen ihren neu erworbenen Schatz zu zeigen. Nach einem hastig eingenommenen Mahl bei Mr. und Mrs. Edwards begab sie sich auf den Heimweg.

Sie machte sich später als am Morgen zuvor auf den Weg, aber es war kein heißer, sondern ein angenehm kühler Tag, an dem der Wind etwas wehte und man gut wandern konnte. Mary ließ einen Kilometer nach dem anderen hinter sich, als wäre sie in einem Traum. Die Bibel fest an die Brust gedrückt, erhobenen Hauptes und mit einem Lächeln auf dem Gesicht schritt sie voran und nahm alles um sich herum gar nicht wahr. Sie hatte ihre Bibel bekommen, ihre eigene Bibel, und sie war damit auf dem Heimweg! Müdigkeit, Hunger und Durst schien sie nicht zu spüren, denn sie hatte endlich ihre Bibel.

Frage: Du kannst bestimmt verstehen, wie sehr Mary die Bibel liebte. Warum hatte Mary die Bibel lieb? Liest du deine Bibel? Hast du sie lieb, und weißt du sie wertzuschätzen?

Schriftlesung: 2. Timotheus 3,14-17

Anregungen zum Gebet:

✳ Danke dem Herrn dafür, dass du die Bibel und so viele andere Bücher über die Bibel hast. Bitte

Gott, dass er dich sein Wort verstehen lässt, wenn du es liest.

❖ Bitte Gott, dir durch sein Wort deine Sünde zu zeigen. Bitte ihn, dich vom Sündigen abzuhalten und zu bewirken, dass du zu ihm umkehrst. Bitte ihn, dir dafür zu vergeben, dass du die Warnungen der Bibel bisher missachtet hast.

27. Vollkommen

Mr. Thompson war Rechtsanwalt. Er hatte nie die Bibel gelesen und bezweifelte, dass sie Gottes Wort ist.

Eines Tages fragte er einen Freund, der Christ war: »Welche Bücher empfiehlst du mir, die mich davon überzeugen könnten, dass die Bibel wirklich Gottes Wort ist?«

Sein Freund entgegnete: »Lies die Bibel selbst.«

Mr. Thompson dachte, sein Freund hätte ihn falsch verstanden. »Ich meine damit: Ich möchte einige Bücher lesen, die mich davon überzeugen, dass die Bibel wahr ist.«

Doch sein Freund sagte: »Nein, nimm dafür keine anderen Bücher. Lies einfach nichts als die Bibel selbst.«

Daraufhin las Mr. Thompson die ganze Bibel durch, angefangen beim ersten Buch Mose. Als sein Freund ihn besuchen kam, fand er ihn in tiefen Gedanken versunken. Mr. Thompson sagte seinem Freund, dass er die Zehn Gebote im zweiten Buch Mose gelesen hatte. »Ich habe die ganze Zeit überlegt, ob ich dem noch irgendetwas hinzufügen könnte, aber das schaffe ich nicht. Ich habe darüber nachgedacht, was ich daraus kürzen könnte, um sie

zu verbessern, aber das schaffe ich auch nicht. Die Bibel ist vollkommen.«

Frage: Warum brauchte Mr. Thompson keine anderen Bücher außer der Bibel zu lesen, um davon überzeugt zu werden, dass die Bibel vollkommen ist?

Schriftlesung: 2. Mose 20; Psalm 9,8-15

Anregungen zum Gebet:

* ✶ Danke Gott dafür, dass du die Bibel lesen kannst und keinen anderen Wegweiser brauchst.

* ❖ Bitte Gott, dir das Verlangen zu schenken, mehr über ihn und sein Wort zu erfahren und ihm dein Leben auszuliefern.

28. Samusilis Buch

Samusili war ein Sklavenjunge. Er war aus seiner Heimat in Afrika geraubt und verschleppt worden. Jetzt musste er auf einer großen Kakao-Plantage arbeiten. Schon vor Sonnenaufgang musste er aufstehen und den ganzen Tag lang sehr hart arbeiten. Allerdings lernte Samusili einige Arbeiter kennen, die seine Sprache sprachen. Sie erzählten ihm von einem neuen Leben. Sie trafen sich, um »Yesu« (Jesus) anzubeten und um schöne Geschichten aus einem guten Buch zu lesen.

Samusili lernte durch dieses Buch lesen und schreiben. Je mehr er lernte, desto mehr liebte er dieses Buch. Nach kurzer Zeit aber zog der Besitzer des Buches zu einer anderen Plantage. Wie sehr vermisste Samusili dieses außergewöhnliche Buch und sehnte sich danach! Er begann, jeden Tag um ein solches Buch zu beten. Beten war das Erste, was er tat, wenn er morgens erwachte. Oft betete er auch tagsüber während der langen Arbeitszeit. Auch am Abend betete er wieder aus tiefstem Herzen, dass der Herr ihm ein solches Buch schicken möge.

Eines Tages erlebte er eine angenehme Überraschung. Als er einen Sack Kakaobohnen leerte, fiel mit den Bohnen ein Buch heraus. Samusili schnappte es sich und erkannte auf dem Umschlag das Wort »Ovikanda« (Briefe). Das ersehnte Buch war wie durch ein Wunder wieder aufgetaucht! Bei der nächsten Möglichkeit nahm er das Buch in sein Zimmer mit. Jetzt konnte er wieder lesen!

Samusili teilte sein Geheimnis bald mit einigen anderen gottesfürchtigen Arbeitern. Sie waren sehr froh! Auch sie wollten lesen und schreiben lernen. Spät am Abend, nachdem das Licht beim Vorarbeiter erloschen war, trafen sich heimlich etwa hundert Sklaven. Der Ruf des Käuzchens war ihr Signal zusammenzukommen. Sie nutzten jeden Papierfetzen, den sie finden konnten, um Texte aus dem Buch sowie Lieder aufzuschreiben, die sie kannten. Am besten konnten sie Gott anbeten, sein Wort lesen, singen und ihren Unterricht abhalten, wenn es spät in der Nacht war.

Als der Plantagenverwalter erfuhr, was vorging, führte er eine Razzia durch. Er verbrannte alle ihre Schreibstifte, alle Papiere und alle handgemachten Bücher. Der arme Samusili wurde ausgepeitscht und in Ketten gelegt. Als andere Arbeiter ihn besuchen kamen, sagte er: »Ich liege in Ketten, aber das Wort Gottes kann niemand in Ketten legen.« Er erzählte ihnen davon, was Gott in dem guten Buch sagt.

Später wurde Samusili freigelassen. Jetzt wurde den Christen mehr und härtere Arbeit zugeteilt als den anderen. Sie litten Verfolgung und wurden ausgepeitscht. Trotzdem trafen sie sich so oft wie möglich im Busch, um Gott anzubeten. Schließlich zog der Verwalter in sein Heimatland zurück. Glücklicherweise hörten die Schläge und die Verfolgung unter dem neuen Verwalter auf.

Samusili lehrte die Arbeiter viele Jahre lang aus dem Buch. Er sagte ihnen, sie sollten zu Gott um Glauben beten und dass er ihnen aus Gnade den Glauben an Jesus Christus schenken möge. Der Heilige Geist segnete seine Lehrtätigkeit reichlich.

Viele Jahre später sagte man Samusili, er dürfe in sein Heimatland zurückkehren. Er aber sagte: »Hier hat Christus mich gefunden, hier werde ich bleiben, um andere über ihn zu lehren.«

Hat er immer noch das Ovikanda-Buch, das aus dem Sack Kakaobohnen fiel? Samusili sagt: »Die Seiten sind völlig abgenutzt, aber durch Gottes Gnade ist es immer noch in unseren Herzen!«

Frage: Was kann man mit Gottes Wort nicht tun?
Schriftlesung: Galater 3,21-29
Anregungen zum Gebet:

✶ Bitte Gott, dass er die Prediger, Kinderstundenleiter und andere, die dich Gottes Wort lehren, beschützt und ermutigt.

❖ Bitte Gott, dir das Verlangen zu schenken, seinen Dienern zuzuhören und Christus nachzufolgen, den sie lieben.

29. Die beste Medizin

Martha hatte tiefe Sorgenfalten auf ihrer Stirn und einen traurigen Blick. Ihr Leben war voller Not und Kummer! Mit einem tiefen Seufzer legte sie ihre Hand aufs Herz, das wieder einmal unruhig schlug. Dazu hatte sie auch noch Kopfschmerzen. Es schien, dass sie sich umso schlechter fühlte, je mehr Probleme sie im Leben hatte.

Schon das dritte Jahr in Folge hatte eine Dürre ihre Feldfrüchte fast völlig vernichtet; es hatte so gut wie gar nicht geregnet und die Ernte war wieder sehr klein. Wie sollte sie nur all ihre Rechnungen bezahlen? Ihr Mann Jake war heute früh zu einer weiteren Bank gegangen. Würde ihm wohl diese Bank Geld leihen, also einen Kredit geben? Wenn auch diese Bank ihn abwies, gab es keine weitere Möglichkeit mehr. Würden sie ihre Farm, für die sie Tag und Nacht so hart gearbeitet hatten, aufgeben müssen?

Wegen all dieser Sorgen war aus Martha das reinste Nervenbündel geworden. Jake versuchte immer, sie aufzumuntern. »Denk nur, Schatz«, sagte er dann, »man sagt, dass Sorgen immer im Dreierpack kommen. Das ist jetzt unser drittes schlechtes Jahr; darum kann es gar nicht anders sein, als dass das nächste Jahr besser wird!«

Doch Martha machte sich nur noch mehr Sorgen. Was wäre, wenn Jake das Geld nicht auftreiben konnte? Was, wenn sie ihre Farm verlieren würden? Was, wenn …? Martha fühlte sich der Ohnmacht nahe. Wohin sollte sie Hilfe suchen? Schließlich entschied sie sich, einen Termin bei ihrem Arzt zu vereinbaren.

Bei ihrem Arzt beschrieb Martha all ihre gesundheitlichen Probleme. Sie sagte auch, wie viel Sorgen sie sich wegen all der Probleme machte, vor denen ihre Familie stand. Der Arzt hörte aufmerksam zu und stellte Martha dann eine Reihe von Fragen. Nach einer kurzen Untersuchung fragte er: »Martha, haben Sie jemals die Bibel gelesen?«

»Nicht doch!«, rief Martha erstaunt. »Was soll denn das damit zu tun haben, wie es mir geht?«

»Alles!« antwortete der Arzt freundlich. »Mein Rezept für Sie lautet so: Gehen Sie heim und lesen Sie jeden Tag eine Stunde lang Ihre Bibel. Dann kommen Sie in genau einem Monat wieder zu mir.«

Bevor Martha protestieren konnte, schickte der Arzt sie hinaus und rief: »Der Nächste, bitte!« Zuerst war Martha verärgert, weil sie erstaunt war, so behandelt zu werden. Allerdings hatte sie kein Geld, um eine Menge teure Medizin zu kaufen. Es würde nichts kosten, die Bibel zu lesen. Und es war sicher eine ganze Weile her, seit sie dieses abgenutzte Buch zuletzt angesehen hatte, das ihre Mutter ihr auf dem

Sterbebett hinterlassen hatte. Jetzt klagte ihr Gewissen sie an. Sie erinnerte sich, wie sie allmählich immer mehr nur mit den Kindern und all den Alltagssorgen beschäftigt gewesen war, dass sie dabei aufgehört hatte, die Bibel zu lesen und zu beten, je mehr ihre Arbeit zunahm.

Martha eilte heim. Sie suchte nach der Bibel, bis sie sie gefunden hatte, und legte sie dann auf den Tisch neben ihrem Lieblingsstuhl. Jeden Morgen stand Martha eine halbe Stunde früher als sonst auf und las die Bibel. Dann versuchte sie, nach dem Mittagessen Zeit zu finden, um sie wieder eine Weile zu lesen, und nochmals, wenn die Kinder abends im Bett lagen. Der Herr segnete ihr Lesen und gab ihr die Einsicht und das Verständnis dafür, dass er für sie sorgte und sie behütete.

Nachdem sie einen Monat täglich so in der Bibel gelesen hatte, ging sie wie vereinbart wieder zu ihrem Arzt. »Nun«, sagte der Arzt lächelnd, als er ihr ins Gesicht schaute, »ich sehe, dass Sie mein Rezept treu befolgt haben. Wie fühlen Sie sich? Denken Sie, dass Sie noch Medikamente brauchen?«

»Nein, Herr Doktor«, entgegnete Martha, »ich fühle mich jetzt wie ein anderer Mensch. Woher wussten Sie nur, dass ich genau das brauchte?«

Der alte Arzt ging zu seinem Schreibtisch und zog daraus seine geöffnete Bibel hervor. Sie war abgegriffen und fiel fast auseinander, denn sie war sehr viel benutzt worden. »Martha«, sagte er mit Ernst in der Stimme, »die Bibel zu lesen, ist die wichtigste Quelle meiner Kraft und Fertigkeit. Ich führe nie eine Operation durch, ohne zuerst in meiner Bibel gelesen zu haben. Immer, wenn ich vor einem schwierigen Fall stehe, finde ich Rat, wenn ich ihre Seiten aufschlage. Als ich sah, wie nervös und bekümmert Sie letzten Monat waren, wurde mir klar, dass Sie keine Medizin brauchten, die ich Ihnen hätte geben können. Sie brauchten vielmehr eine Quelle des Friedens und der Kraft, die außerhalb von Ihnen liegt. Darum verordnete ich Ihnen dasselbe Rezept, das auch ich nutze; denn ich wusste, das würde helfen. Gott segnet es, wenn man sein Wort liest.«

»Danke, Herr Doktor«, sagte Martha zögernd. »Ich muss zugeben, dass ich Ihrem Rat beinahe nicht gefolgt wäre, aber Ihre Worte trafen mein Gewissen. Es war schon viele Jahre her, dass ich die Bibel gelesen oder gebetet hatte. Welch ein Trost war es, in Matthäus 10,29 zu lesen, dass nicht einmal ein Spatz zur Erde fällt, wenn der Herr es nicht will! Ich glaube, der Herr lehrt mich auch, dass ich in allem, was ich brauche, auf ihn schauen muss – und zwar nicht nur in leiblichen Belangen, sondern auch für alles, was meine verlorene Seele braucht.«

»Stellen Sie sich vor«, antwortete der Arzt, »kaum einer meiner Patienten ist bereit, dieses Rezept auszuprobieren. Ich weiß aber, dass viele meiner schwierigen Fälle denselben Trost und dieselbe Ermutigung darin fänden wie Sie, wenn sie sich der Bibel zuwenden würden.« Der Arzt suchte die Bibelstelle heraus und fuhr fort: »Gott selbst sagt uns dies in seinem Wort, und zwar in Psalm 19,8-12:

Das Gesetz des Herrn ist vollkommen;
es erquickt die Seele.
Das Zeugnis des Herrn ist zuverlässig;
es macht die Törichten weise.
Die Befehle des Herrn sind richtig;
sie erfreuen das Herz.
Das Gebot des Herrn ist lauter;
es lässt die Augen leuchten.
Die Ehrfurcht vor dem Herrn ist rein;
sie bleibt ewig bestehen.
Die Gerichtsurteile des Herrn sind Wahrheit;
sie sind allzumal gerecht.
Sie sind köstlicher als Gold und als Feingold in Menge,
sie sind süßer als Honig und Wabenseim.
Auch dein Knecht lässt durch sie sich warnen:
in ihrer Befolgung liegt ein reicher Lohn.

Einer meiner Patienten nannte einmal folgende Ausrede dafür, dass er mit dem Bibellesen aufgehört hatte: Die Bibel sei zu kompliziert und schwerverständlich für ihn. Er sagte, er könne sich sowieso nie merken oder verstehen, was er gelesen habe. Ich aber sagte ihm, das wäre, als ob man einen Weidenkorb ins Wasser taucht: Egal wie tief das Wasser ist, wenn man den Korb herausnimmt, läuft das Wasser sofort aus. Dabei reinigt das Wasser aber den Korb. Genauso ist es auch mit dem ›Wasserbad im Wort‹, von dem wir in Epheser 5,26 lesen.«

Der Arzt aus dieser Geschichte ist schon lange tot, aber sein Rezept wirkt auch heute noch. Welch ein Segen wäre es, wenn wir durch Gottes Gnade auf den himmlischen Arzt schauen würden, der alles weiß, was wir brauchen, noch ehe wir ihn bitten!

Frage: Wodurch wurde Martha von ihren Sorgen geheilt? Was tut das Wort Gottes an der Seele?

Schriftlesung: Psalm 13

Anregungen zum Gebet:

✴ Bring deine Sorgen vor Gott, weil er für dich sorgt. Bekenne ihm, dass es dir Leid tut, daran gezweifelt zu haben, dass er in seiner Macht auch über die Probleme in deinem Leben herrscht. Danke ihm für seine Liebe.

❖ Bitte Gott, dir zu zeigen, dass das Einzige, worum du dir unablässig Sorgen machen solltest, deine Seele ist. Bitte ihn so lange darum, bis du weißt, dass Gott dir deine Sünden vergeben und deine Seele geheilt und gerettet hat.

30. Der Junge und die Bibel

Schon als kleines Kind hatte Charlie die Bibel lieb gewonnen. Eines Tages schickte ihn seine Mutter zum Kaufmann, um etwas Seife zu kaufen.

Damals gab es noch keine Plastiktüten oder Einkaufskisten. Stattdessen wickelte der Verkäufer die Ware in irgendein Papier ein. Deshalb riss die Verkäuferin, als Charlie die Seife vor die Kasse legte, eine Seite aus einem großen Buch, um die Seife darin einzuwickeln. Als aber Charlie sah, worin sie die Seife einwickelte, rief er entsetzt: »Madam, was machen Sie da? Das ist ja eine Bibel!«

Die Frau antwortete gleichgültig: »Na und, was macht das schon?«

»Aber das ist eine Bibel!«, wiederholte Charlie. »Was machen Sie nur damit?«

»Seife einpacken«, antwortete sie lapidar.

»Aber Madam«, schrie er, »Sie dürfen dieses Buch nicht zerreißen oder zum Einpacken benutzen. Es ist eine Bibel!«

»Na und, was macht das schon?«, fragte sie. »Ich habe sie als Altpapier gekauft, um sie im Laden zu verwenden.«

»Was – die Bibel? Ach, ich wünschte, sie würde mir gehören; ich würde sie niemals so zerreißen.«

»Nun«, sagte die Frau, »wenn du mir bezahlst, was ich dafür bezahlt habe, kannst du sie haben.«

»Vielen Dank, Madam«, antwortete er. »Ich werde nach Hause gehen und meine Mutter um etwas Geld bitten.«

Als er daheim ankam, sagte er: »Mama, Mama! Bitte gib mir etwas Geld!«

»Wofür?«, fragte seine Mutter.

»Um eine Bibel zu kaufen. Die Verkäuferin im Laden hat eine Bibel zerrissen, und ich habe ihr gesagt, dass sie das nicht tun darf.«

Seine Mutter aber sagte: »Mein lieber Junge, ich kann dir kein Geld geben, denn ich habe nichts.«

Charlie begann zu weinen, aber das änderte nichts daran, dass er kein Geld auftreiben konnte. Er schluchzte immer noch, als er zur Verkäuferin zurückkam und sagte: »Meine Mutter ist arm und kann mir kein Geld geben; aber bitte zerreißen Sie nicht die Bibel. Meine Lehrer haben mir gesagt, dass sie das Wort Gottes ist!«

Die Frau erkannte, dass es Charlie sehr ernst war. Sie sagte: »Nun, weine nicht. Wenn du mir dasselbe Gewicht in Altpapier bringst, sollst du die Bibel haben.« Als er diese unerwartete gute Nachricht hörte, wischte Charlie seine Tränen ab und eilte davon. »Das werde ich ganz bestimmt tun, Madam. Vielen Dank!«

Bald war er wieder daheim. Er bat seine Mutter um etwas Papier. Sie gab ihm alles, was sie hatte.

Dann ging er zu allen Häusern in der Nachbarschaft und bat um Altpapier. Als er einen großen Stapel Papier beisammen hatte, rannte er zurück zum Laden und sagte: »Madam, jetzt habe ich das Papier!«

»Sehr gut«, sagte die Frau. »Lass mich es abwiegen.« Sie legte das Papier auf die eine Waagschale und die Bibel auf die andere. Charlies Papier wog genauso viel wie die Bibel – er hatte genug Papier gesammelt! Seine Augen glänzten vor Freudentränen, und er rief aus: »Die Bibel gehört mir!« Als er sie von der Frau entgegennahm, rief er aus: »Ich hab sie! Ich hab sie!« Auf und davon war er und rannte zu seiner Mutter. Unterwegs schrie er: »Ich hab die Bibel! Ich hab die Bibel!«

Liebe Kinder, auch ihr habt gelernt, dass die Bibel das Wort Gottes ist. Mögt auch ihr ebenso erkennen, was sie wert ist und sie hoch schätzen!

Frage: Wer ist der Verfasser der Bibel? Die Bibel ist ein wertvolles Buch, weil sie Gottes Wahrheit ist. Welche besondere Sache lehrt uns 2. Johannes 2 über Gottes Wahrheit?

Schriftlesung: Psalm 119,46-56

Anregungen zum Gebet:

✴ Danke Gott dafür, dass sein Wort so wertvoll ist, und für alles, was er dich dadurch lehrt. Danke ihm dafür, dass er dir verdeutlicht, was Sünde und Errettung bedeuten.

❖ Bitte Gott, dich davon zu überführen, dass du sein Wort bislang in sündiger Weise missachtet hast. Bitte ihn, dir zu verdeutlichen, dass er der Urheber der Bibel und ihrer Lehre ist.

31. Der alte Schuhmacher

Vor etwas mehr als zweihundert Jahren wurde in London eine Bibelgesellschaft gegründet. Ihre Gründer wollten die Verbreitung der Bibel nicht nur in England fördern, sondern auch in anderen Ländern. Heute sind Bibeln leicht erhältlich und nicht besonders teuer; früher aber war es sehr schwer, eine Bibel zu bekommen, weil die Leute sie sich nicht leisten konnten und es auch nicht viele zu kaufen gab. Darum eröffnete die Bibelgesellschaft kleine Läden, gewöhnlich im Haus eines Pastors, wo die Bewohner der Gegend Bibeln kaufen konnten.

In manchen Ländern aber war die Bibel unbeliebt. Dazu gehörte auch Frankreich. Bis heute sind die meisten Franzosen römisch-katholisch. Schließlich fand die Bibelgesellschaft aber einen evangelischen Pastor, der in Nantes wohnte und froh war, sich der Bibelgesellschaft anschließen und bei der Verbreitung der Bibel helfen zu dürfen.

In der Umgebung von Nantes gab es einen Landstreicher, der versuchte, etwas Geld zu verdienen, indem er verschiedene Sachen verkaufte. Zu den wenigen Dingen, die dieser Bettler besaß, gehörte auch eine Bibel. Er stellte bald fest, dass die Leute an diesem verbotenen Buch sehr interessiert waren.

Er fand heraus, dass die meisten Menschen nicht einmal wussten, worum es in der Bibel geht, und diesen Umstand machte er sich zunutze. Wenn er in ein Dorf kam, fragte er die Leute, ob er ihnen etwas aus der Bibel vorlesen könne und sie ihm dafür Geld oder etwas zu essen geben würden.

Eines Tages klopfte dieser Landstreicher an die Tür eines armen Schuhmachers und bettelte um Geld.

»Was bitten Sie mich um Geld?«, fragte der Schuhmacher ungehalten. »Ich könnte Geld ebenso nötig wie Sie gebrauchen.«

»Nun,« antwortete der Bettler und versuchte eine andere Taktik, »wenn Sie mir einen Centime (die kleinste Münze) geben, werde ich Ihnen ein Kapitel aus dieser Bibel vorlesen.«

»Was ist eine Bibel?«, fragte der Schuhmacher. »Ich hab noch nie davon gehört.«

Der Bettler war über diese Reaktion nicht erstaunt, denn er hatte das schon oft zuvor gehört. »Sie ist ein Buch, das Ihnen alles über Gott sagt.«

»Ja, ich denke, dafür würde es sich wohl lohnen, einen Centime auszugeben!« Der alte Schuhmacher war daran interessiert, etwas aus diesem Buch zu hören, und er bezahlte dem Bettler einen Centime. Dann setzte er sich mit dem Bettler auf eine Bank vor seinem Häuschen. Der Bettler öffnete die Bibel im dritten Kapitel des Johannesevangeliums und

begann vorzulesen. Er war ein guter Vorleser und der alte Mann hörte ihm lächelnd zu. Nach ein paar Versen aber war der Schuhmacher völlig verblüfft: Nie zuvor hatte er solche Worte gehört! Welch ein Reichtum; wie leicht zu verstehen! Die Worte des Evangeliums waren für ihn wie Regen auf dürres Land.

Der Bettler kam zum sechzehnten Vers: »Denn so hat Gott die Welt geliebt, dass er seinen einzigen Sohn gab, damit jeder, der an ihn glaubt, nicht verloren geht, sondern ewiges Leben hat.«

Dem alten Mann kamen die Tränen. Wie konnte es sein, dass er sein ganzes Leben lang die römisch-katholische Kirche im Dorf besucht und nie diese Worte gehört hatte?

Der letzte Vers von Johannes 3 (Vers 36) erfüllte den Schuhmacher mit Furcht: »Wer an den Sohn glaubt, hat ewiges Leben; wer aber dem Sohn nicht gehorcht, wird das Leben nicht sehen, sondern der Zorn Gottes bleibt auf ihm.« Aber nun beendete der Bettler sein Vorlesen.

»Nein! Nein! Hören Sie jetzt nicht auf!«, rief der alte Schuhmacher. »Ich muss noch mehr hören!«

»Geben Sie mir noch einen Centime, mein Herr, und ich werde ein weiteres Kapitel vorlesen«, sagte der Bettler lächelnd. Er freute sich, jemanden gefunden zu haben, der so sehr daran interessiert war. Auf diese Weise konnte er einiges verdienen!

Der Schuhmacher suchte einen weiteren Centime, und der Bettler fuhr mit dem Vorlesen fort. Nur allzu bald war auch dieses Kapitel zu Ende, und der Schuhmacher flehte ihn an, weiter vorzulesen.

»Ein weiterer Centime, ein weiteres Kapitel!«, antwortete der Bettler. »Ich lese nur ein Kapitel pro Centime vor.«

Es fand sich ein dritter Centime, und ein weiteres Kapitel wurde vorgelesen. Der alte Mann sog jedes einzelne Wort in sich auf. Er war traurig, als dieses Kapitel zu Ende war, aber dann hatte er keinen einzigen Centime mehr. »Sagen Sie mir doch, woher Sie dieses wunderbare Buch haben!«, sprach der Schuhmacher.

»Nun, mein Herr, ich war vor einiger Zeit in Nantes und bettelte um Essen. Als ich an die Tür des dortigen evangelischen Pastors klopfte, setzten er und seine Frau mir ein köstliches Mahl vor. Zum Abschied schenkten sie mir diese Bibel und sagten mir, dies sei das beste Buch der Welt. Vielleicht ist sie das; jedenfalls verschafft sie mir genug Geld zum Leben, und ich werde sie nicht verkaufen.«

Der alte Schuhmacher hörte ihm kaum noch zu. Nantes! In Nantes konnte er eine Bibel bekommen!

Nachdem der Bettler gegangen war, dachte der alte Schuhmacher über die Worte nach, die er gehört hatte. Das Buch war fort, doch seine Worte behielt er im Herzen. Tag und Nacht dachte er über die Worte nach: »Denn so hat Gott die Welt geliebt, dass er seinen einzigen Sohn gab, damit jeder, der an ihn glaubt, nicht verloren geht, sondern ewiges Leben hat.«

Eines Morgens, etwa zwei Wochen nach dem Besuch des Bettlers, stand der alte Mann sehr früh auf und ging eine Straße weiter zum Haus seines Sohnes.

»Mein Sohn, ich möchte, dass du dich eine Weile um mein Geschäft kümmerst«, sagte er ihm.

»Sicher, Vater, aber warum?«

»Ich gehe nach Nantes«, kündigte der alte Schuhmacher an.

»Nach Nantes? Aber Vater, das ist doch über hundert Kilometer weit weg! Wie willst du dort hinkommen?«, fragte sein Sohn bestürzt.

»Zu Fuß.«

»Aber du bist doch viel zu alt, um einen so langen Weg zu Fuß zu gehen! Warum musst du nach Nantes?«

»Ich möchte eine Bibel besorgen. Ich muss gehen. Ich brauche dieses Buch.«

So ging denn der alte Mann auf die Reise und stützte sich dabei auf seinen Gehstock. Als er in Nantes ankam, erkundigte er sich, wo der Pastor wohnte, und klopfte bei ihm an die Tür.

»Was kann ich für Sie tun?«, fragte der Pastor freundlich, als sie sich in seinem Arbeitszimmer gesetzt hatten.

»Mir wurde gesagt, dass Sie ein Buch haben, das uns alles über Gott sagt.«

»Sie meinen eine Bibel?«, entgegnete der Pastor.

»Ja, mein Herr. Bitte, ich hätte gerne eine«, sagte der alte Mann.

»Haben Sie genug Geld, um sie zu bezahlen?«, fragte der Pastor.

»Bezahlen? Daran hatte ich gar nicht gedacht«, gab der Schuhmacher zu. »Ich kann nichts bezahlen, mein Herr. Ich bin nur ein armer Schuhmacher. Aber Sie haben damals jenem Bettler eine Bibel geschenkt.«

»Wo wohnen Sie?«, fragte der Pastor nach.

Als ihm der alte Mann seinen Wohnort sagte, fragte der Pastor: »Wie sind Sie denn hierher gekommen?«

»Zu Fuß.«

»Aber wie wollen Sie wieder nach Hause kommen?«

»Auch zu Fuß.«

»Wollen Sie mir sagen, mein Herr, dass ein alter Mann wie Sie über zweihundert Kilometer zu Fuß geht, nur um eine Bibel zu bekommen? Bedeutet sie Ihnen so viel?«, fragte der Prediger erstaunt.

»Ja, mein Herr, und ich wäre sehr glücklich, wenn ich eine bekommen könnte. Sie ist den langen Marsch mehr als wert.«

Der Pastor war sehr erfreut. »Dann, mein Freund, sollen Sie eine Bibel haben! Nun, was für eine Ausgabe hätten Sie gerne? Wie wäre es mit einer in Großdruck? Können Sie noch gut lesen?«

»Ich habe in meinem ganzen Leben noch nie lesen können, mein Herr«, antwortete der alte Schuhmacher.

»Was?«, rief der Pastor. »Warum wollen Sie dann unbedingt eine Bibel haben, wenn Sie gar nicht lesen können?«

Dem alten Mann kamen die Tränen: »Ach, gütiger Herr, bitte geben Sie mir dieses wertvolle Buch! Ich kann zwar nicht lesen, aber meine Tochter kann es und noch drei andere Leute in unserem Dorf. Ich werde sie bitten, mir die Bibel vorzulesen. Der Bettler hat mir nur drei Kapitel vorgelesen. Ich möchte alles hören, was darin steht!«

Der Prediger war im Herzen angerührt und gab dem alten Mann schließlich gerne eine Bibel. Der Schuhmacher streichelte sie liebevoll und freute sich von Herzen. Als er nach Hause kam, bat er seine Tochter und die anderen Leute in seinem Dorf, die lesen konnten, ihm abwechselnd vorzulesen. Diesen einfachen Gefallen taten sie dem alten Mann gerne.

Wenn er auch alt war, so hatte der Schuhmacher doch noch einen scharfen Verstand und ein gutes Gedächtnis und machte rasch Fortschritte in seiner Bibelkenntnis. Er lernte viele Stellen auswendig und wiederholte sie immer vor sich hin, wenn er in seinem kleinen Laden arbeitete.

Nach etwa sechs Monaten hörte der Pastor in Nantes ein lautes Klopfen an seiner Tür. Es war wieder der alte Schuhmacher.

»Mein Freund!«, rief der Prediger. »Was führt Sie hierher?«

Der Schuhmacher war völlig aufgelöst und sagte: »Ach, welch schrecklicher Irrtum! Wie schrecklich habe ich mich die ganze Zeit geirrt!«

»Kommen Sie herein«, sagte der Pastor freundlich. »Setzen Sie sich und sagen Sie mir, was Sie meinen. Worüber haben Sie sich die ganze Zeit schrecklich geirrt? Und wer sagt, dass Sie sich geirrt haben?«

»Das Buch, mein Herr. Die Bibel sagt mir das.«

»Was sagt sie?«, hakte der Prediger nach.

»Sie sagt mir, dass ich völlig im Irrtum bin. Da steh' ich nun, ich armer Sünder: Mein ganzes Leben lang hab ich zu Maria gebetet, aber sie brauchte genauso wie ich einen Retter!«

Der Pastor war über die Worte des alten Mannes erstaunt. »Aber mein Herr, Sie sind doch katholisch! Wie kommen Sie denn darauf?«

»Mein Herr, in dem Buch steht, dass sie sich über Gott, ihren Retter, freute – ihren Retter! (Lukas 1,47) Sehen Sie, mein Herr, sie brauchte also genau wie

ich einen Retter. Man sagt von euch Protestanten, dass euer Glaube genau der Bibel entspricht. Darum möchte ich einer von euch werden.«

Der Pastor lächelte den alten Mann an. »Ich freue mich, das zu hören, mein Freund; doch bevor wir jemand als Mitglied in unsere protestantische Kirche aufnehmen können, müssen wir ihn prüfen.«

»Nun denn, prüfen Sie mich! Ich bin ein alter Mann von über siebzig Jahren. Ich weiß nicht, wie lange ich noch zu leben habe; je eher Sie das tun, desto besser.«

Der Pastor musste erneut lächeln. »Ich freue mich zu sehen, dass Sie so fest entschlossen sind. Essen Sie mit uns zu Abend; anschließend werde ich die Männer zusammenrufen, die für diese Versammlung nötig sind.«

Ein paar Stunden später waren die Männer zusammengekommen, um den alten Schuhmacher zu prüfen. Sie stellten ihm viele Fragen.

»Was wissen Sie über Jesus Christus, mein Freund?«

Der Schuhmacher antwortete: »Und das Wort wurde Fleisch und wohnte unter uns; und wir sahen seine Herrlichkeit, die Herrlichkeit des einzigen Sohnes des Vaters, voller Gnade und Wahrheit« (Johannes 1,14).

»Was glauben Sie über den Tod Christi?«, fragte ein anderer Mann.

»Das Blut Jesu Christi, seines Sohnes, reinigt uns von aller Sünde« (1. Johannes 1,7).

»Was ist Ihrer Meinung nach das Vorrecht derer, die Christus nachfolgen?«

»So gibt es jetzt keine Verdammnis mehr für die, welche in Christus Jesus sind, die nicht gemäß dem Fleisch wandeln, sondern gemäß dem Geist« (Römer 8,1).

»Das ist wahr; und was ist die Pflicht dessen, der an Christus glaubt?«, fragte der Pastor.

»Oder wisst ihr nicht, dass ihr nicht euch selbst gehört? Denn ihr seid um einen Preis erkauft worden. Verherrlicht nun Gott mit eurem Leib« (1. Korinther 6,19-20).

Die Männer nickten zustimmend. »Mein Freund«, sagte der Pastor, »offensichtlich sind Sie von Gott gelehrt, und darum heißen wir Sie als unseren Bruder willkommen.«

Das machte den alten Mann sehr glücklich, und er wurde offiziell als Mitglied in die französische reformierte Kirche aufgenommen. Als Bescheinigung seiner Mitgliedschaft gab man ihm eine Urkunde.

Als sie nach der Versammlung ins Haus des Pastors zurückkehrten, fragte der alte Mann den Prediger: »Könnten Sie mir diese Urkunde bitte in Papier einwickeln? Ich möchte nicht, dass sie auf meinem Heimweg beschädigt wird.«

»Sicher«, antwortete der Pastor. Er fand etwas

Altpapier und wickelte die Urkunde sorgfältig ein. Froh ging der alte Mann seinen Weg; und als er zu Hause ankam, erzählte er seiner Familie und seinen Freunden, was geschehen war. Er zeigte ihnen seine Mitgliedsurkunde und bat sie sogar, das zu lesen, was auf dem Altpapier stand, in das die Urkunde eingewickelt gewesen war.

Viele Monate vergingen; da klopfte es zum dritten Mal laut an der Tür des Pastors in Nantes. Als er öffnete, stand dort wieder sein alter Freund, der Schuhmacher.

»Was, Sie sind schon wieder den ganzen langen Weg zu Fuß gegangen?«

»Aber sicher, mein Herr. Ich komme wegen der Tagung der Bibelgesellschaft.«

Der Pastor schaute ihn verwirrt an: »Wegen der Tagung der Bibelgesellschaft?«, wiederholte er.

»Ja, heute Abend soll ein Treffen stattfinden.« Sorgfältig faltete der Schuhmacher das Stück Altpapier auseinander, in das seine Mitgliedsurkunde eingewickelt gewesen war. »Sehen Sie, mein Herr, so steht es auf diesem Zettel.«

»Oh«, antwortete der Pastor, »aber da irren Sie sich völlig. Dieser Zettel ist vierzehn Jahre alt! Mit Tag und Monat liegen Sie schon richtig, aber es geht um eine Tagung, die vor vierzehn Jahren stattfand. Wir haben seitdem keine solche Versammlung mehr gehabt.«

Jetzt musste aber der alte Mann staunen. »Warum haben Sie aufgehört sich zu treffen, um das Wort Gottes zu verbreiten?«

Der Pastor erklärte: Es gab so viel Widerstand dagegen, dass die Christen den Mut verloren. Plötzlich musste er lächeln: »Wenn Sie aber schon einmal hier sind, wüsste ich nicht, warum wir eine solche Versammlung nicht abhalten sollten. Ja, wir werden uns noch heute Abend treffen!«

Der Pastor ging zu zahlreichen Glaubensgeschwistern und sagte ihnen, dass an diesem Abend eine Versammlung der Bibelgesellschaft stattfinden müsse. Er bat sie, auch andere über das Treffen zu informieren.

Während der Versammlung an jenem Abend entschied man, dass jetzt wieder jedes Jahr ein Treffen der Bibelgesellschaft stattfinden solle. Der Pastor stellte ihnen seinen Freund, den Schuhmacher, vor; dieser erzählte ihnen, wie die Bibel sein Leben verändert hatte. Er bat sie eindringlich, weiter die Bibel zu verbreiten, weil sie das beste Mittel ist, um Seelen für Jesus zu gewinnen. Er erzählte ihnen, dass die Bibel das Beste ist, wodurch man die Menschen ihrer Irrtümer überführen und sie dahin führen könne, Christus als ihren Erretter anzunehmen.

Der Eifer und die Begeisterung dieses armen Schuhmachers steckten jeden Teilnehmer der Versammlung an. Sie wurden ermutigt, sich weiterhin für die Verbreitung der Bibel einzusetzen und auch bei Widerstand nicht aufzugeben.

Im folgenden Jahr und auch im Jahr darauf besuchte der Schuhmacher die Versammlungen und ermahnte jedes Mal die Anwesenden eindringlich, ihr Bestes zu geben, um das Wort Gottes zu verbreiten. Bevor er dies aber im vierten Jahr in Folge tun konnte, starb er und ging heim, um für immer bei seinem geliebten Erretter zu sein. Und so begegnete er dem Verfasser des Buches, das er so sehr liebte, von Angesicht zu Angesicht.

»Als ich deine Worte fand, da verschlang ich sie; deine Worte sind mir zur Freude und Wonne meines Herzens geworden, denn ich bin ja nach deinem Namen genannt, o HERR, du Gott der Heerscharen!« (Jeremia 15,16)

Reiche Bibel! Welche Schätze
bietet Gottes Wort mir dar!
Sei's zum Leben, zum Vergnügen,
halt' ich dieses nur für wahr:
Medizin und feste Speise
und als Waffen Schild und Schwert
für des Pilgers Erdenreise,
dafür ist die Bibel wert.

Hält die Welt mich auch für arm,
brauche sonst gar keine Gaben!

An Speise, die die Welt nicht kennt,
kann sich meine Seele laben.

Zu viel davon bekomm' ich nie;
sie macht satt mit großem Dank.
Christus starb für mich am Kreuz;
Er ist wahrhaftig Speis' und Trank!

Frage: Warum wollte der Schuhmacher eine Bibel haben, obwohl er nicht lesen konnte? Was ist das beste Mittel, um Seelen für Jesus zu gewinnen?

Schriftlesung: Johannes 3,16+36; Lukas 1,46-47; Psalm 119,97-104

Anregungen zum Gebet:

✴ Bete für die Bibel- und Missionsgesellschaften auf der ganzen Welt, die die Bibel unter vielen Menschen in vielen Sprachen verbreiten. Bete, dass sie dem Wort Gottes immer treu bleiben.

❖ Bete, dass du nicht länger deine eigenen, selbstsüchtigen Ziele verfolgst, sondern nach Gerechtigkeit strebst. Bete, dass Gott dich verändert, damit du in der Bibel nicht mehr irgendein Buch unter vielen siehst, sondern das lebendige, wahre Wort Gottes.

32. Zwei reiche Jungen

Vor über hundert Jahren lebten in London zwei Brüder, die plötzlich beide Eltern verloren. Einer der Jungen war etwa elf, der andere dreizehn Jahre alt. Glücklicherweise hatten ihre Eltern sie im Wort Gottes unterwiesen. Die Bibel war diesen Jungen ans Herz gewachsen, und sie liebten den Erlöser, der für Sünder sein Blut vergossen hatte und für sie gestorben war.

Jetzt aber mussten sie sich entscheiden, was zu tun war. Der einzige Freund, den sie auf der Welt noch hatten, war ein Onkel in Liverpool. Sie hatten kein Geld, so dass sie nicht in der Mietwohnung ihrer Eltern bleiben und auch nicht auf eine Antwort per Post von ihrem Onkel warten konnten. Darum mussten sie ihre wenigen Habseligkeiten zusammenpacken und aufbrechen, um ihren Onkel zu suchen.

Als sie nach rund dreihundert Kilometer Fußmarsch müde waren, kamen sie an einen Ort namens Warrington, der etwa dreißig Kilometer von Liverpool entfernt liegt. Mit ihren kleinen Bündeln in der Hand gingen sie in ein Wirtshaus und baten um eine Unterkunft für die Nacht. Der Wirt verlangte natürlich Geld von ihnen, aber sie antworteten traurig, dass sie keins hätten.

»Vielleicht können wir im Stall schlafen, Sir«, schlug der ältere Junge vor.

Der Wirt musterte die Jungen, ob sie wohl etwas Wertvolles hätten. Sie trugen keinen Goldschmuck, da sie sehr arm waren, aber der Mann bemerkte, dass der ältere Junge eine Bibel in der Jackentasche hatte. »Du könntest mir deine Bibel verkaufen, junger Mann«, bot der Wirt an. »Ich werde dir fünf Schillinge dafür geben.«

Das war eine große Versuchung für die Jungen. Sie waren sehr müde und hungrig. »Nein, Sir«, antwortete der Junge mit Tränen in den Augen. »Eher verhungern wir, als dass wir unsere Bibel verkaufen.«

Der Mann war erstaunt, wie fest entschlossen der Junge war. Kaum jemand sonst würde so etwas Mutiges sagen. Der Wirt beschloss, sie auf die Probe zu stellen. »Ich werde dir sechs Schillinge dafür geben.«

»Nein, Sir«, sagten beide Jungen gleichzeitig.

»Zehn!«, bot ihnen der Mann.

»Nein!«, rief der Junge aus. »Dieses Buch ist den ganzen Weg von London unser Rückhalt und Trost gewesen. Wenn wir hungrig und müde waren, setzten wir uns oft am Straßenrand nieder und lasen unsere Bibel. Es war, als ob die Bibel für uns Speise, Trank und Ruhe wäre, denn sie gab uns die Kraft, um weiterzugehen. Sie wird auch weiter die Quelle unserer Kraft sein, bis wir unseren Onkel in Liverpool gefunden haben.«

Der Jüngere nickte zustimmend zu den Worten seines Bruders.

Nach einer Weile sagte der Mann: »Nehmt einmal an, wenn ihr nach Liverpool kommt, könnt ihr euren Onkel nicht finden, oder er weigert sich, euch zu helfen. Was würdet ihr dann tun?«

»Wir werden Gott vertrauen«, antwortete der Jüngere und zeigte auf die Bibel, die sein Bruder in der Hand hielt. »Denn in diesem Buch steht: ›Wenn auch mein Vater und meine Mutter mich verlassen, so nimmt doch der Herr mich auf.‹« (Psalm 27,10)

Der Wirt staunte. Nie hatte er solches Gottvertrauen gesehen. Eine ganze Weile verschlug es ihm die Sprache. Dann sagte er: »Meine Frau würde euch sicher gerne kennen lernen. Kommt mit.«

Er führte sie in die Küche und stellte die beiden Jungen seiner Frau vor. Nachdem der Wirt ihr von seinem Gespräch mit den Jungen erzählt hatte, musste die Frau sich die Tränen aus den Augen wischen. Dann eilte sie in die Küche und bereitete ihnen emsig eine schöne Mahlzeit. Schließlich führte sie die Jungen die Treppe hinauf; dort schliefen sie gut und fest bis zum Morgen.

Als die Zeit gekommen war, um fortzugehen, wollten die Jungen dem Wirt und seiner Frau danken, doch die unterbrachen sie: »Ihr seid für uns beide ein Segen gewesen, meine Lieben«, sagte die Frau des Wirtes. »Gott segne euch!«

So setzten die Jungen ihre Reise fort, während ihr Herz vor Dank überströmte.

Frage: Warum war die Bibel für die zwei Jungen Speise und Trank? Warum wohl, meinst du, trägt diese Geschichte die Überschrift: »Zwei reiche Jungen«?

Schriftlesung: 1. Petrus 1,1-9

Anregungen zum Gebet:

✶ Danke Gott dafür, dass sein Wort für immer besteht und dass alles, was Gott sagt, wahr und vertrauenswürdig ist. Danke ihm, dass sein Wort alles enthält, was du wissen musst.

❖ Wende dich von deinem Unglauben gegenüber Gott und seinem Wort ab. Bitte ihn, dass du ihn erkennst und er dich persönlich davon überzeugt, wer er ist und wie mächtig er ist. Bitte ihn um Vergebung dafür, dass du gemeint hast, du könntest ohne ihn leben.

33. Worte des Lebens

Vor langer Zeit lebte ein Pastor in Schottland in einer Gemeinde nahe der Küste. Diese Gegend war nur dünn besiedelt und die Häuser lagen weit auseinander. Eines Tages war der Pastor auf einem langen Fußmarsch, um einige Mitglieder seiner Gemeinde zu besuchen, die weit entfernt vom Gemeindehaus wohnten. Plötzlich bemerkte er, dass ein Sturm aufzog. Da er wusste, dass der Regen ihn erreichen würde, bevor er zum nächsten Haus gelangen könnte, suchte er einen Unterschlupf, wo er sich unterstellen könnte. In der Nähe stand eine alte Scheune. Noch während er auf sie zu eilte, spürte der Pastor schon die ersten Regentropfen. Als er die alte Scheune betrat, fand der Pastor dort zu seiner Überraschung eine Gruppe Männer vor, die auf dem Erdboden saßen. Sie sahen ziemlich grobschlächtig aus und schreckten auf, als der Prediger in die Scheune schlüpfte. Der Pastor kannte zwar keinen von ihnen, grüßte sie aber freundlich und fragte: »Ist es in Ordnung, wenn ich das Unwetter hier abwarte? Ich werde weitergehen, sobald es aufhört.«

Die Männer zuckten teils gleichgültig mit den Schultern, teils nickten sie zustimmend. Nach einer Weile fragte einer der Männer:

»Sir, sind Sie Pastor?«

»Ja, das bin ich.«

»Einer unserer Freunde liegt oben auf dem Dachboden. Er ist schwer krank, und wir machen uns Sorgen um ihn. Würden Sie zu ihm hinaufgehen und mit ihm beten?«

Der Pastor lächelte: »Aber gerne!«

Über eine Leiter stieg er auf den Dachboden. Dort lag der arme Kranke auf einem Bett aus Stroh. Er klagte über seine vielen Sünden und seufzte sehnsüchtig, dass er den Erlöser brauchte. Der Pas-

tor setzte sich auf einen alten Stuhl neben ihn. Der Mann war sehr schwer krank.

»Mein Freund«, sagte der Pastor, »wir kennen uns nicht. Wir haben uns nie zuvor getroffen und werden uns höchstwahrscheinlich nicht wiedersehen, bis wir vor dem Richterstuhl Gottes stehen. Nehmen wir einmal an, ich hätte eine Medizin in der Tasche, die Sie von Ihrer Krankheit sicher heilen könnte, so dass es Ihnen wieder gut ginge: Würden Sie mir glauben und diese Medizin einnehmen?«

»Sicher!«, antwortete der Mann gespannt.

»Nun, mein Freund«, sagte der Pastor, »ich habe zwar keine solche Medizin, die Ihr körperliches Leiden heilen könnte; aber ich habe eine Medizin, die ganz sicher das Elend heilt, das die Sünde über Ihre Seele gebracht hat. Sie wird Ihre Seele gesund für den Himmel machen. Ich möchte nicht viele eigene Worte machen. Hören Sie einfach zu, während ich Ihnen vorlese, was Gott selbst darüber in seinem heiligen Buch sagt. Und während Sie zuhören, schenken Sie den Worten Vertrauen. Wenn Gott Gnade schenkt, werden diese Worte Ihre Seele retten.«

Nachdem sie zusammen gebetet hatten, begann der Pastor, langsam und deutlich Bibelstellen wie diese vorzulesen: »Glaube an den Herrn Jesus Christus, so wirst du gerettet werden« (Apostelgeschichte 16,31); »Das Blut Jesu Christi, seines Sohnes, reinigt uns von aller Sünde« (1. Johannes 1,7); »Daher kann er auch diejenigen vollkommen erretten, die durch ihn zu Gott kommen« (Hebräer 7,25); »Kommt her zu mir alle, die ihr niedergedrückt und belastet seid: ich will euch Ruhe schaffen!« (Matthäus 11,28); »Wer zu mir kommt, den werde ich nicht hinausstoßen« (Johannes 6,37); »Denn so hat Gott die Welt geliebt, dass er seinen einzigen Sohn gab, damit jeder, der an ihn glaubt, nicht verloren geht, sondern ewiges Leben hat« (Johannes 3,16).

Während der Pastor diese kostbaren Worte Gottes wiederholte, sah er, wie sich der Gesichtsausdruck des Kranken gewaltig änderte. Der besorgte und verzweifelte Blick verschwand, und an seine Stelle trat der Ausdruck stillen Friedens und tiefer Hoffnung und Freude. Er setzte sich in seinem Strohbett auf und rief aus: »Ich glaube es! Er hat meine Sünden abgewaschen!«

Ganz sicher kann der Heiland in seiner Allmacht arme, von Sünden geplagte Sünder heilen! David sagt: »Er sandte sein Wort und machte sie gesund« (Psalm 107,20). Er ist der große Arzt der Seelen. Bitte ihn, dich vom Übel deiner Sünde zu heilen und dich in seinen heiligen Augen rein zu machen. Gott heilt gerne alle, die zu ihm kommen, besonders Kinder.

Frage: An welcher Krankheit leiden wir alle? Wer kann uns davon heilen?

Schriftlesung: Johannes 5,31-47

Anregungen zum Gebet:

✳ Bete, dass du das Heilswerk Christi hoch schätzt und dass es dich demütigt, was es ihn gekostet hat, dir dieses Heil zu schaffen. Danke ihm dafür, dass sein Wort die Krankheit deines Herzens (die Sünde) heilt.

❖ Bete, dass Gott dir durch sein Wort die Augen öffnet, damit du erkennst, wie sehr du sein Heil nötig hast.

Bibelstellenverzeichnis

Teil 2: Der Wert der Heiligen Schrift

Antworten

Kapitel 1

Sprecht darüber miteinander!

Kapitel 2

Sei freundlich zu ihnen. / Er vergab ihnen. / Wir sollen der Gottlosigkeit und den weltlichen Begierden entsagen. Wir sollen besonnen und gerecht und gottesfürchtig leben und die Erscheinung in Herrlichkeit unseres großen Gottes und Heilandes Jesus Christus erwarten (Titus 2,12-13).

Kapitel 3

Die Sünde und der Teufel. / Die Sünde ist zerstörerisch und gegen Gott gerichtet. Wenn wir uns mit Gottes Hilfe gegen die Versuchung wappnen, wird er uns aus ihr retten.

Kapitel 4

Sie werden lange leben. / Diese Stelle warnt uns davor, dass die Welt (d.h. Menschen, die Gott nicht kennen) uns beeinflussen will, um uns von Christus weg in die Irre zu führen.

Kapitel 5
Vers 7.

Kapitel 6
Sprecht darüber miteinander!

Kapitel 7
Denen, die zu ihm kommen, um ihre Sünde zu bekennen. / Gott und Danny vergaben John.

Kapitel 8
Sprecht darüber miteinander! / Ja.

Kapitel 9
Um Vergebung.

Kapitel 10
Sie konnten ihr Land verteidigen, weil sie Gott um Hilfe baten.

Kapitel 11
Sünder zu erhören, wenn sie zu ihm beten. / Kostbare und bedeutendste Verheißungen.

Kapitel 12
Sprecht darüber miteinander!

Kapitel 13

Durch das Blut Christi, das er für uns am Kreuz vergossen hat. / Wir sollen ihm so vertrauen, wie kleine Kinder ihren Eltern vertrauen.

Kapitel 14

Sprecht darüber miteinander!

Kapitel 15

Indem er weder stahl noch log. /
Elia (1. Könige 17,1-7).

Kapitel 16

Sprecht darüber miteinander! (Vorschläge: beten; Gottes Wort lesen.) / Das fünfte Gebot. / Gott.

Kapitel 17

Bezüglich der Zunge.

Kapitel 18

Sprecht darüber miteinander! (Bedenke: Gott sieht alle unsere Sünden, sogar die, die im Geheimen geschehen; er sieht alle Sünden, selbst die, die hier und jetzt ungestraft bleiben; er sieht auch unseren Gehorsam; er weiß, ob wir ihn lieben oder nicht.)

Kapitel 19

Sprecht darüber miteinander!

Kapitel 20

Sprecht über alle Fragen miteinander! 2. Timotheus 3,16 sagt: Die Heilige Schrift ist »... nützlich zur Belehrung, zur Überführung, zur Zurechtweisung, zur Erziehung in der Gerechtigkeit«.

Kapitel 21

Sprecht über alle Fragen miteinander! / Zur dritten Frage: *Landkarte:* Sie zeigt uns, auf welches Ziel wir unser Leben ausrichten sollen; sie ist Gottes Maßstab, mit dem er uns leitet. *Licht:* Sie zeigt uns den Weg und wie wir Gott in einer finsteren und sündigen Welt gehorchen sollen. *Spiegel:* Sie zeigt uns unsere Sünden und uns selbst. *Schwert:* Sie schützt uns und verteidigt uns gegen Versuchungen und den Teufel. Esra 7,10: »Esra hatte sein Herz darauf gerichtet, das Gesetz des HERRN zu erforschen und zu tun und in Israel Gesetz und Recht zu lehren.«

Kapitel 22

Wer ein wahrer Christ sein und errettet werden will, muss »von neuem geboren werden«. Errettung ist das Geschenk Gottes; wir können es uns nicht durch Werke verdienen.

Kapitel 23

Die Bibel ist Gottes Wort und voll kostbarer und bedeutender Verheißungen. / Es ist besser, die Bibel zu lesen und ihr Glauben zu schenken, statt bloß eine zu besitzen, sie aber nicht zu lesen.

Kapitel 24
Er hat dem Prediger die Freude an der Frucht seiner Arbeit gegeben. / Christen freuen sich genauso wie auch Christus darüber, wenn sie erfahren, dass Sünder gerettet wurden (Lukas 15,7). / In Zefanja 3,17 jubelt Gott.

Kapitel 25
Noch besser als Bibeltexte auswendig zu lernen ist, diese Texte zu verinnerlichen und sie gründlich auf sich selbst anzuwenden.

Kapitel 26
Weil Gott Mary durch den Bibelunterricht zutiefst gesegnet hatte. / Sprecht darüber miteinander!

Kapitel 27
Weil er ihr nichts hinzufügen oder nichts davon streichen konnte, um sie zu verbessern.

Kapitel 28
Man kann Gottes Wort nicht in Ketten legen.

Kapitel 29
Durch das Lesen der Bibel. / Es erquickt die Seele.

Kapitel 30

Gott. / Sie wird in Ewigkeit mit uns sein.

Kapitel 31

Damit andere sie ihm vorlasen. / Das Wort Gottes.

Kapitel 32

Die Bibel gab ihnen Ruhe und Kraft für die Weiterreise. / Die Jungen waren reich, weil Gott, ihr himmlischer Vater, für sie sorgte – nicht allein in Christus für ihre geistlichen Bedürfnisse, sondern auch für ihre leiblichen Bedürfnisse.

Kapitel 33

An der Sünde. / Der Herr Jesus Christus.

Über die Verfasser

Dr. Joel R. Beeke ist Präsident des *Puritan Reformed Theological Seminary* und dort Professor für Systematische Theologie und Homiletik, außerdem ist er Pastor der *Heritage Netherlands Reformed Congregation* in Grand Rapids, Michigan, Herausgeber von *Banner of Sovereign Grace Truth*, leitender Redakteur bei *Reformation Heritage Books*, Präsident von *Inheritance Publishers* und Vizepräsident der *Dutch Reformed Translation Society*. Er hat etwa 50 Bücher verfasst bzw. herausgegeben, einschließlich zahlreicher Kinderbücher. Er hat am *Westminster Theological Seminary* über die Theologie der Reformations- und Nachreformationszeit promoviert. Häufig hält er Gastvorlesungen an theologischen Seminaren und Vorträge auf reformierten Konferenzen rund um die Welt. Er und seine Frau Mary haben drei Kinder.

Diana Kleyn ist Mitglied der *Heritage Netherlands Reformed Congregation* in Grand Rapids, Michigan. Sie ist mit Chris verheiratet und Mutter von drei Kindern. Ihr besonderes Anliegen ist, Kindern zu helfen, die Lehren des Wortes Gottes zu verstehen und anzunehmen. Sie ist Autorin eines Kinderbuchs, das Geschichten über Bekehrungen und Frömmigkeit enthält (*Taking Root and Bearing Fruit*). Zusammen mit Joel Beeke hat sie das Buch *Reformation Heroes* verfasst (»Helden der Reformation«), das die Lebensgeschichte von rund vierzig Persönlichkeiten der Reformation für Kinder ab zehn Jahren erzählt. Sie schreibt auch monatlich im Kinderteil des Magazins *The Banner of Sovereign Grace Truth*.

Danksagung

Dank sei zuallererst Gott dafür gebracht, dass er uns bei der Erstellung dieser Buchserie geholfen hat. Ohne ihn können wir nichts tun. Danken möchten wir ebenfalls James W. Beeke, der manches hilfreiche Material geliefert hat; Jenny Luteyn, die viele der Geschichten beigesteuert hat; Jeff Anderson für seine Zeichnungen sowie Catherine MacKenzie für ihre tüchtige und unschätzbare Redaktionsarbeit. Schließlich möchten wir auch unseren treuen Ehepartnern Mary Beeke und Chris Kleyn für ihre Liebe, Unterstützung und Ermutigung danken, die sie uns erwiesen, als wir über mehrere Jahre an diesen Büchern arbeiteten. Unser ernstes Gebet ist, dass der HERR durch diese Geschichten viele segnen möge.

Joel R. Beeke und Diana Kleyn
Grand Rapids, Michigan, USA

Leseproben aus Band 2-5

Aus Band 2 dieser Reihe: *Wie Gott die Piraten besiegte. Erlebnisse in der Mission und erstaunliche Bekehrungsgeschichten*

Jorgans Waschbär

Jorgan Scheuler wohnte in einer Blockhütte in den Rocky Mountains. Sein Vater und seine Brüder George und Ernest scherten sich nicht um den Glauben. Seit dem Tod seiner Mutter war Jorgan aufgewachsen, ohne je etwas aus der Bibel gehört zu haben. Stattdessen lernte er zu kämpfen, zu trinken und zu fluchen. Er dachte nie darüber nach, was gut ist.

Jorgans Familie war zum Broterwerb auf Jagd und Fischfang angewiesen. Sie jagten Hirsche, wilde Truthähne und Waschbären. An einem Sonntagabend ging Jorgan mit seinen drei Brüdern auf die Jagd. Der Vollmond war aufgegangen, als sie in den Wald kamen. Bald darauf flüsterte George, sein ältester Bruder: »Schaut! Da oben auf dem hohen Baum sitzt ein großer Waschbär!«

»Den kriegen wir nie!«, antwortete Ernest leise. »Der sitzt doch viel zu hoch oben.« Die Jungen hatten kein Gewehr; also musste jemand auf den Baum klettern und den Waschbären herunterschütteln.

»Wartet ab!«, flüsterte Jorgan. »Ich kann fast genauso gut klettern wie ein Waschbär. Ich werde auf den Baum klettern. Einen so dicken Fang können wir uns nicht entgehen lassen!«

Jorgan begann hinaufzuklettern und behielt stets den Ast im Auge, auf dem sich der Waschbär versteckte. Er kletterte immer höher bis zu diesem Ast. Der Waschbär zog sich dabei immer weiter in Richtung Astspitze zurück. Behutsam hangelte sich Jorgan zu dem Ast und schüttelte ihn einmal. Aber der Waschbär hielt sich immer noch fest. Vorsichtig kam Jorgan ihm zentimeterweise näher und schüttelte den Ast dabei immer wieder. Aber das reichte nicht aus, um den Waschbären herunterzubekommen. Mit aller Kraft rüttelte Jorgan noch einmal heftig. In diesem Moment brach der Ast und Jorgan fiel – tiefer, tiefer und immer tiefer!

»Herr, erbarme dich!«, schrie er entsetzt.

Im selben Moment bekamen Jorgans Hände einen Ast zu fassen. Da hing er nun, immer noch hoch im Baum, und kein weiterer Ast war unter ihm. Er kam sich vor, als schwebte er buchstäblich zwischen Himmel und Hölle. »Wenn ich diesen Ast loslasse«, dachte er, »werde ich schnurstracks zur Hölle fahren!« Vergeblich bemühte er sich, auf den Ast zu klettern. Noch einmal rief er: »Herr, hab Erbarmen mit mir!« Da bekam er Kraft, um sich auf den Ast zu ziehen. Danach konnte er langsam den Baum wieder herabklettern. Als er den Erdboden erreichte, war er zu schwach, um stehen zu können. George und Ernest halfen ihrem zitternden Bruder, nach Hause zu gehen, und legten ihn dort ins Bett.

Aber Jorgan konnte in dieser Nacht nicht schlafen. Schreckliche Gedanken gingen ihm durch den Kopf: »Was, wenn der Ast, den ich erwischt habe, gebrochen wäre? Dann würde ich jetzt in der Hölle brennen!« Jorgan wälzte sich die ganze Nacht im Bett hin und her, während sein Kopf voll grausiger Gedanken war.

Am nächsten Morgen ging Jorgan wie gewöhnlich zur Arbeit, aber das Lästern und Fluchen, das er gewohnt war, war ihm vergangen. Welch schwere Last bedrückte ihn! »Was ist los, Jorgan? Du siehst so traurig aus. Bist du krank?«, wurde er gefragt.

Jorgan dachte bei sich: »Ja, ich bin krank. Aber der Grund dafür heißt Sünde.« Er wusste nicht, was er tun sollte. Er hatte noch nie gebetet, bis er gestern hilflos im Baum hing. Er hatte keine Bibel und hatte noch nie eine Predigt gehört. »Ich muss an eine Bibel kommen«, dachte er, »und ich muss einen Prediger finden.«

Jorgan erinnerte sich daran, dass die Bibel seiner Mutter in einem alten Baumstumpf versteckt war. Seine Mutter war gestorben, als Jorgan noch ein Kind gewesen war, und aus Zorn darüber hatte Jorgans Vater ihre Bibel versteckt. Jetzt schlich Jorgan sich in die Hütte und fand sie. Er begann die Bibel in jeder freien Minute zu lesen. Doch je mehr er sie las, desto schwerer wurde seine Last. In allem, was er las, erblickte er nur die Hölle und die verdiente Strafe. Er las, dass die Bösen in der Hölle brennen werden und dass sie niemals Frieden finden. Jorgan wusste, dass er sehr böse war. Ihm kam es vor, als ob all seine Flüche auf ihn zurückfielen. Wie elend wurde ihm! Er seufzte: »Wenn die Bibel nicht meine Sünde wegnehmen kann, was kann ich dann nur tun?«

Jorgan begann, sich regelmäßig in den Wald zurückzuziehen, wo er dann hinter einem Baum auf die Knie fiel. Er versuchte zu beten, aber er wusste nicht, was er sagen sollte. Er wollte nicht mehr mit seinen Brüdern und Freunden zusammen sein. Wenn er sie lästern und fluchen hörte, fühlte er sich schrecklich. Er versuchte dem zu entkommen, indem er auf der gegenüberliegenden Seite des Feldes arbeitete. Wann immer es möglich war, ging Jorgan in den Wald zum Beten. »Jorgan ist noch immer ganz durcheinander im Kopf«, sagten seine Brüder dann. »Das fing an, als er vom Baum fiel.«

Obwohl Jorgan weiterhin versuchte, die Bibel zu lesen und zu beten, ging es ihm noch schlechter. Er las täglich lange, aber eines Tages wurde ihm so elend, dass er dachte, er müsste bestimmt sterben. Dennoch wusste er, dass er weiter die Bibel lesen muss, selbst wenn er dabei nichts als die Hölle vor Augen hatte.

An jenem Tag aber, als er gerade zu lesen begonnen hatte, las er plötzlich von Jesus. Er begriff, dass Jesus ihn retten und seine Sünden auslöschen kann. Welche Freude erfüllte sein Herz: Sünder wie er können gerettet werden – und zwar durch Jesus Christus!

Eine ihm bislang unbekannte Liebe zu Jesus erfüllte sein Herz. Auf der Stelle musste er diese wunderbare Nachricht seinen Brüdern überbringen. Er rannte aufs Feld, um es ihnen zu erzählen, aber seine Brüder lachten ihn nur aus. Sie hatten ihre Sünden nie erkannt. Sie merkten nicht, dass sie den Herrn Jesus brauchten. »Jorgan«, antworteten sie, »du bist immer noch wirr im Kopf. Du weißt nicht, was du sagst.«

Mehrere Jahre später arbeitete Jorgan als Hufschmied in einer nahegelegenen Stadt, als er Pastor Morris vorbeireiten sah. Aufgeregt stieg Jorgan auf sein Pferd und ritt dem Prediger hinterher. »Herr Pastor! Bitte halten Sie an! Ich muss mit Ihnen sprechen!«

Pastor Morris stoppte und wartete darauf, dass Jorgan zu ihm aufschloss. Ohne sich vorzustellen, sprudelte Jorgan los: »Oh Herr Pastor! Seit Jahren sehne ich mich danach, mit einem Prediger des Wortes Gottes zu sprechen. Ich möchte so gerne erzählen, was an meiner Seele geschehen ist. Kommen Sie zu meiner Hütte, damit ich Ihnen alles berichten kann!«

Als Pastor Morris den dichten Wald sah, zögerte er. Doch als er erkannte, wie ernst es Jorgan war, folgte er ihm. Bald erreichten sie die Hütte aus rohen Baumstämmen, die Jorgans Heim war. Tränen der Dankbarkeit liefen über Jorgans Gesicht, als er erzählte, welche Nöte und Kämpfe er zunächst durchlitten, dann aber schließlich Jesus in der Bibel gefunden hatte. Er sagte ihm auch, wie sehr er sich gefreut hatte, als er begriff, dass Jesus vor Gott für seine Sünden einsteht.

Pastor Morris war von Jorgans Bekehrung beeindruckt. Er erkannte, dass der Geist Gottes Jorgans einziger Lehrer gewesen war und durch die Bibel an seinem Herzen gewirkt hatte. Kein Prediger war für seine Bekehrung nötig gewesen. Er erkannte, dass alle erweckten Sünder dasselbe erfahren: Elend, Erlösung und Dankbarkeit. Jorgan hatte seine Sündenlast gespürt; er hatte sich der Bibel zugewandt, um Rettung und Erlösung zu finden, und war voll Dankbarkeit zu Gott umgekehrt. Vor allem aber zeigt Jorgans Bekehrung, wie gnädig sich der große Hirte, Jesus Christus, um seine Schafe kümmert.

Aus Band 4 dieser Reihe: *Wie Gott bei Dürre einen Regenschirm sandte. Treue Zeugen und kindlich fester Glaube*

Wie es Großvater immer macht

Jakob und Anna lebten mit ihrem kleinen Sohn Johann in Deutschland in der Stadt Bergheim. Johann hatte einen gläubigen Großvater, was ein Segen für ihn war, denn Großvater betete für ihn, seit er geboren worden war. Großvater wählte für ihn den Namen »Johann« und sagte: »Möge Gott ihn hier in der Zeit und in alle Ewigkeit lieben.«

Großvater kam häufig, um den kleinen Johann zu besuchen. Oft legte er ihm dabei die Hände auf und sprach: »Der Herr segne dich und behüte dich wie seinen eigenen Augapfel.« Diese Gebete sollten eines Tages erhört werden.

An Großvaters sechzigstem Geburtstag besuchte Johann ihn mehrere Tage mit seinen Eltern. Johann freute sich sehr, den ganzen Tag mit seinem Großvater zu verbringen. Sein Vater musste zwischendurch nach Hause gehen und auf seinem Bauernhof arbeiten, aber er versprach, am Abend zurück zu sein. Allerdings zog ein furchtbares Gewitter auf, das es ihm unmöglich machte, wiederzukommen. Darum mussten Johann und seine Mutter bei Großvater übernachten. Johann freute sich sehr, aber seine Mutter fühlte sich bei Großvater nicht wohl.

Als es Abend wurde, kamen alle zusammen. Großvater öffnete seine große Bibel und las ein Kapitel daraus vor. Dann betete er von ganzem Herzen ernsthaft und kindlich zugleich. Anschließend ging jeder zu Bett.

Am nächsten Morgen ging Anna mit ihrem Sohn Johann wieder heim. Es war ein herrlicher Sommertag und es war wunderschön, durch die Wälder zu wandern. Johann liebte Blumen und ging selten an ihnen vorbei, ohne sie anzuschauen. Heute aber ging er so still und ernst hinter seiner Mutter her, als ob es keine einzige Blume zu sehen gäbe. Anna war auch nicht gerade in Gesprächslaune. Sie fühlte sich unwohl, aber sie wusste nicht warum.

Plötzlich blieb Johann stehen, sah zu seiner Mutter auf und fragte sie: »Mama, warum macht Papa es nicht so, wie es Großvater immer macht?«

Seine Mutter verwirrte das etwas. »Warum gehst du nicht weiter und schaust nach den Blumen?«, schlug sie vor und ging weiter.

So gingen sie stumm ihres Weges, aber Johann dachte nicht an Blumen. Bald gelangten sie auf den Gipfel eines Hügels, von wo aus sich ihnen eine schöne Aussicht auf die weite Landschaft bot. Anna setzte sich, um etwas auszuruhen, und Johann setzte sich neben sie. »Mama«, sagte er zum zweiten Mal, »warum macht Papa es nicht so, wie es Großvater immer macht?«

Anna wurde ungeduldig. »Nun,« antwortete sie in einem ziemlich scharfen Ton, »was macht Großvater immer?«

Johann sagte: »Er nimmt die Bibel, liest daraus vor und betet.«

Seine Mutter wurde rot. »Das musst du Papa schon selber fragen«, antwortete sie.

Als sie zu Hause ankamen, war der Vater nicht da. Er war zur Ernte auf ein weit entferntes Feld gegangen und würde vor dem Abend nicht zurück sein. Johanns Mutter wusste das und dachte, sie könnte ihren Jungen früh zu Bett bringen. Sie hoffte, er würde seine Frage am nächsten Morgen vergessen haben.

Aber da irrte sie sich. Als sie ihn fürs Bett ausziehen wollte, sagte er: »Mama, bitte lass mich warten, bis Papa nach Hause kommt.«

Um acht Uhr am Abend kehrte sein Vater zurück. Johann rannte direkt auf ihn zu und fragte: »Papa, warum machst du es nicht so, wie es Großvater immer macht?«

Sein Vater sah ihn erstaunt an. Diese Frage hatte er nicht erwartet. »Wovon redest du, Johann?«, fragte er. »Geh jetzt zu Bett; es ist spät.«

Johann sagte nichts und ging betrübt zu Bett. Als er am nächsten Morgen aufstand, war er noch trauriger. Er war ein ganz anderes Kind als sonst. Er saß still und traurig am Frühstückstisch, hielt die Hände gefaltet und den Kopf gebeugt. Er hatte seine Milch nicht angerührt. »Was ist los, Johann? Warum isst du nicht?«, fragte seine Mutter.

Johann schwieg.

Nach einer kleinen Weile fragte sie wieder: »Was ist los, mein Sohn?« Er sah seine Mutter für einen Augenblick sehr traurig an und beugte wieder den Kopf. Sein Vater und seine Mutter waren mit dem Essen fertig und seine Mutter räumte den Frühstückstisch ab. Sie fragte ihn ein drittes Mal: »Johann, sag mir doch, was dich bedrückt!«

Da antwortete der Junge: »Ich möchte so gerne beten, Mama, aber keiner will mit mir beten. Ich schätze, ich muss wohl alleine beten.«

Das war zu viel für Anna. Ihr kamen die Tränen. Sie eilte ins Nebenzimmer, um ihrem Mann zu berichten, was das Kind gesagt hatte. Aber er hatte es selbst gehört, denn die Tür stand offen. Sein Gewissen war getroffen. »Johann hat Recht«, sagte er, »und wir haben Unrecht.« Dann fielen beide zum ersten Mal in ihrer Ehe auf die Knie. Sie beteten mit nur wenigen Worten, aber unter vielen Tränen – ganz so, wie einst der Zöllner in Lukas 18 gebetet hatte: »Gott, sei uns Sündern gnädig!«

Von diesem schönen Tag an musste der kleine Johann nicht mehr alleine beten. Vater und Mutter begannen nun, ihre Knie vor dem Herrn zu beugen und ihn um seine Gnade und Vergebung anzuflehen. Sie baten ihn, dass er ihnen ein neues Herz geben und ihnen und ihrem Kind die Gnade schenken möge, von nun an ganz für ihn zu leben.

Betest auch du so gerne wie der kleine Johann? Du musst Gott dankbar dafür sein, wenn ihr zu Hause eine Familienandacht habt, und aufmerksam daran teilnehmen.

Aus Band 5 dieser Reihe: *Wie Gott zur Rettung einen Hund schickte. Gottes Fürsorge und kindlich fester Glaube*

Fliegendes Brot

Die Kinder Wilsie und Waylo saßen schlotternd in ihrer Hütte. Ein grimmiger Wind peitschte Eis und Schnee von oben durch den Rauchabzug herein.

»Wir können es ruhig zugeben«, jammerte Halona, die Großmutter der Kinder: »Wir werden verhungern.«

Die drei Indianer drängten sich um das kleine Feuer zusammen. Es brannte nur schlecht, denn das Holz war nass. Dicke Rauchschwaden brannten ihnen in den Augen.

»Ich habe gerade erst wieder zehn von unseren Schafen gefunden; sie sind tot«, sagte Waylo traurig.

»Zehn weitere?«, schrie die alte Frau. »Noch bevor die Woche um ist, sind sie alle vor Hunger und Kälte umgekommen. Dann wird es nichts mehr zu essen für uns geben.« Sie schloss die Augen und begann ein heidnisches Gebet in ihrer Muttersprache zu singen.

»Großmutter«, unterbrach sie Wilsie, »wir haben immer noch ein wenig Mehl. Ich kann daraus zwei oder drei Laib Brot backen. Wenn wir pro Mahlzeit jeder eine Scheibe essen, wird das für etwa vier Tage reichen.«

»Und dann?«, knurrte Waylo.

»Bis dann, denke ich, wird Gott uns Hilfe senden«, antwortete Wilsie zuversichtlich.

Waylo lachte bitter auf. »Wenn ich zum weißen Mann reiten könnte, um Hilfe zu holen, dann könnte Gott uns vielleicht helfen. Aber jetzt, da mein Pony tot ist, sitze ich hier fest. Großmutter hat Recht, Wilsie. Wenn es der Wille der Götter ist, dass wir sterben müssen, bin ich bereit.«

Großmutter kniete neben dem Feuer nieder und fachte die schwachen Flammen an. Es würde noch Stunden dauern, bis die Lammkoteletts gar wären. Waylo versuchte, nicht daran zu denken, wie gut das Fleisch schmecken würde.

Wilsie fegte den Schnee von einem alten Baumstumpf und nahm ihre Bibel dort heraus. Sie wollte, dass ihre Großmutter erfuhr, wer derjenige ist, der Hilfe von oben schicken kann. Wilsie war sicher, dass der Herr Jesus ihr Gebet um Essen erhören würde. Sie erzählte die Geschichte von Elia und den Raben. »Als Elia hungrig war, sandte Gott Raben mit Essen zu ihm. Meint ihr nicht, dass Gott uns helfen wird, wenn wir ihm vertrauen?«

»Vielleicht, vielleicht«, sagte Halona nachdenklich. Wilsie bemerkte einen schwachen Hoffnungsschimmer in ihren Augen.

»Das würde ich gerne erleben«, dachte Waylo.

Der nächste Tag war bitterkalt. Noch mehr Schafe starben, weil sie keinen Schutz vor dem Wind hatten. Da standen sie, stocksteif gefroren. Sie waren nicht einmal umgekippt.

»O Herr, unser Gott, sende uns Hilfe, bevor wir sterben! In Jesu Namen, Amen!«, betete Wilsie.

»Schaut!«, schrie Waylo plötzlich und unterbrach Wilsies stilles Gebet. »Großmutter! Wilsie! Kommt heraus! Ein Flugzeug!«

Tatsächlich, sie konnten leise das Brummen eines Flugzeugs hören!

Wilsie zog ihren Mantel an und griff sich ihren roten Pullover. »Lasst uns ihnen zuwinken«, rief sie. »Vielleicht sehen sie uns!«

Die Kinder winkten und schrien aus Leibeskräften, ohne zu bedenken, dass die Piloten sie gar nicht hören konnten. Aber die Piloten hatten sie gesehen. Die Männer in diesem kleinen Flugzeug waren auf der Suche nach Indianern, die in genau einer solchen Notlage waren.

Halona beobachtete, wie das kleine gelbe Flugzeug steil herab auf ihre Hütte zuflog. Mit Tränen in den Augen sahen sie, wie stabile Säcke voll Mehl, Bohnen, Zucker und Trockenfrüchten aus dem Flugzeug geworfen wurden. Waylo blieb der Mund offen stehen, als eine Packung Speck dicht neben ihm herunterfiel. Wilsie sprang beiseite, um den Kaffee- und Rosinenpäckchen auszuweichen. Tatsächlich, es regnete Essen vom Himmel!

Halona schämte sich ihrer Tränen nicht, als sie die Nahrungsmittel einsammelte und in die Hütte brachte. Das würde bis zum Ende des Winters reichen. »Der Gott des weißen Mannes hat seinen Raben zu uns gesandt«, sagte sie und umarmte ihre Enkel.

Gesamtüberblick über die Reihe

Die Reihe »Auf Fels gebaut« umfasst insgesamt folgende 5 Bände:

Band 1: Wie Gott durch ein Gewitter wirkte
»Für Gott leben« und »Der Wert der Heiligen Schrift«. ISBN 978-3-935558-31-0

Band 2: Wie Gott die Piraten besiegte
»Erlebnisse in der Mission« und »Erstaunliche Bekehrungsgeschichten«. ISBN 978-3-935558-32-7

Band 3: Wie Gott durch eine Schneewehe rettete
»Gott ehren« und »Dramatische Rettungsaktionen«. ISBN 978-3-935558-33-4

Band 4: Wie Gott bei Dürre einen Schirm sandte
»Treue Zeugen« und »Kindlich fester Glaube«. ISBN 978-3-935558-34-1

Band 5: Wie Gott zur Rettung einen Hund schickte
»Gottes Fürsorge« und »Kindlich fester Glaube«. ISBN 978-3-935558-35-8

Joel Beeke & Diana Kleyn
**Wie Gott die Piraten
besiegte**
und andere Andachtsgeschichten
Reihe »Auf Fels gebaut« Band 2

Hardcover, 190 Seiten
Betanien Verlag 2013
ISBN 978-3-935558-32-7
9,90 Euro

Dies ist ein Buch voller Geschichten aus früheren
Zeiten. Es ist nicht nur spannend, sondern auch
lehrreich und vor allem den Glauben stärkend. Alle
Geschichten verweisen auf eine geistliche Wahrheit
und auf eine entsprechende Schriftstelle. Außerdem
sind am Ende jeder Geschichte Fragen, ein kurzer
Schriftabschnitt und Anregungen für das Gebet an-
gegeben.

Die Kinder werden eine Geschichte nach der anderen lesen oder hören wollen! Deshalb umfasst diese Reihe »Auf Fels gebaut« auch insgesamt 5 Bände.
Die Autoren haben einen bibeltreuen, reformatori-
schen Hintergrund mit puritanischer Prägung.

Die Geschichten dieses zweiten Bandes widmen
sich vor allem der Verdeutlichung der Schwerpunkte
»Erlebnisse in der Mission« und »Erstaunliche Bekehrungsgeschichten«.